春來芳草依舊綠
時到梅花自然紅

春联挥毫必备

张迁碑集字春联

程峰 编

上海书画出版社

《春联挥毫必备》编委会

主编
王立翔

副主编
程峰

编委
（按姓氏笔画排序）
王立翔 王剑 吴志国 吴金花
沈浩 沈菊 张杏明 张恒烟
张忠 陈家红 郑振华 程峰
雍琦

出版说明

『爆竹声中一岁除，春风送暖入屠苏。千门万户曈曈日，总把新桃换旧符。』王安石的《元日》诗描绘了一幅宋代的春节风俗图：燃爆竹、饮屠苏酒、换桃符。然而，早在一千年前的五代后蜀孟昶那里，桃符已以一副书为『新年纳余庆，嘉节号长春』的春联悄悄改变了形式与内涵：鲜艳的红纸取代了长方形桃木板，吉祥的联语取代了『神荼』、『郁垒』的名字或画像，其寓意也由原来的驱邪避灾转向了求安祈福。春节是我国农历年中第一个也是最重要的传统节日，春联在辞旧岁迎新春的同时，也渗进了农业社会人们朴素的生活理想：国泰民安、人寿年丰、家庭和睦、事业顺利。春联对仗的联语不仅是文字的精妙组合与书法的多样呈现，更是人们美好生活祈向的承载。这些生活祈向，虽然穿越古今，却经久不衰，回荡在一代代人的内心深处。作为这些生活祈向的载体，作为从古代派往现代的使者，春联的命运也同样历久弥新。无论大江南北、农村城市，抑或雅俗贵贱、穷达贫富，在喜气盈门的春节里，都不能没有春联的表达与塑造！

我社出版的『春联挥毫必备』系列，集名家名帖之字，成行气贯通之联。一家一帖集成一书，其内容又以类相从编排，不仅从形式到内容上有力地保证了全书的一致性与连贯性，更便于读者有针对性地、分门别类地欣赏、临摹、创作之用。可以说，一编握手中，一切纳眼底，从书法的字体书体，到文字的各种情感表达，及隐藏其后的对生活的深刻理解与美好祈向，都能在本书中找到满意的答案。

上海书画出版社

目录

出版说明

通用春联

长空盈瑞气　大地遍春光 …… 1
春风芳草地　疏雨杏花天 …… 2
春节百花艳　人间万象新 …… 3
春秋终又始　日月去还来 …… 4
春时勤百倍　节日俭十分 …… 5
大地风光好　万方气象新 …… 6
风和千树茂　雨润百花香 …… 7
门庭多喜气　山水遍春光 …… 8
日出千山秀　花开万里香 …… 9
太平真富贵　春色大文章 …… 10
细雨六合润　和风万物春 …… 11
新春歌盛世　佳节壮豪情 …… 12
艳阳照大地　春色满人间 …… 13
春来芳草依旧绿　时到梅花自然红 …… 14
春入门庭多秀色　瑞呈宇宙有光辉 …… 15
大地有色皆日照　人间无时不春风 …… 16
海纳百川呈瑞彩　天开万里醉春风 …… 17
吉星高照家富有　大地回春人安康 …… 18
人逢盛世豪情壮　节到新春喜气盈 …… 19
山河有幸花争放　天地无私春又归 …… 20
盛世有逢皆乐事　春城无处不飞花 …… 21
岁月更新人不老　江山依旧景长春 …… 22
天上明月千里共　人间春色九州同 …… 23
又是一年春草绿　依然十里杏花红 …… 24
水色山光阳春万里　花香鸟语丽景九州 …… 25

丰收春联

丰年飞瑞雪　盛世庆新春 …… 26
开门山水秀　入屋五谷香 …… 27
人勤春光美　家和喜事多 …… 28
千家迎新岁　万户庆丰年 …… 29
阳春回大地　瑞雪兆丰年 …… 30
白雪红梅辞旧岁　和风细雨兆丰年 …… 31
风和日丽春常驻　人寿年丰福永存 …… 32
丰收年景千家乐　锦绣江山万里春 …… 33
山青水秀风光好　人寿年丰喜事多 …… 34
五谷丰登生活好　百花齐放满园春 …… 35
兆丰瑞雪梅中尽　送暖春风柳上归 …… 36

福寿春联

春光辉日月　福气满门庭 …… 37
春在江山里　人居幸福中 …… 38
福如东海大　寿比南山高 …… 39
春回大地风光好　福满人间喜事多 …… 40
山高水远长春景　花好月圆幸福家 …… 41
天下皆乐人长寿　四海同春树延年 …… 42

万里东风春又至 一庭紫气福先来 …… 43
文明社会春光好 勤俭人家幸福多 …… 44

文化春联

春来瑞雪里 人在画图中 …… 45
青山多画意 春雨润诗情 …… 46
山河新气象 诗礼古家声 …… 47
山水含芳意 风云入壮图 …… 48
景历风花雪月 岁迁春夏秋冬 …… 49
春风有色能描画 细雨无声好润诗 …… 50
青山含翠藏画意 春雨洒珠润诗情 …… 51
神传天外诗无草 春到人间笔有花 …… 52
文明新风传天下 日暖花开正阳春 …… 53
雨润诗情吟壮景 春含画意绘新天 …… 54

行业春联

春到校园里 学成知识中 …… 55
妙手回春意 白衣济世心 …… 56
财发如春多得意 福来似海正逢时 …… 57
满面春风迎客至 四时生意在人为 …… 58
一年好景同春到 四季财源顺时来 …… 59
自古育才原有道 从来润物细无声 …… 60

爱国春联

国治江山固 政通事业兴 …… 61
江山春不老 祖国景长新 …… 62
锦秀山河美 光辉大地春 …… 63
神州扬正气 大地荡春风 …… 64
岁月敷春色 江山入画图 …… 65
田园图画美 祖国江山娇 …… 66
伟业千古秀 神州万年春 …… 67
春归大地千山秀 日照神州万木新 …… 68
江山如画千里秀 祖国多娇万年春 …… 69
神州有天皆丽日 华夏无处不春风 …… 70
春风催旧岁华夏百花艳 瑞雪兆丰年神州万象新 …… 71

生肖春联

一年春作首 六畜猪为先 …… 72
人逢盛世情无限 猪拱华门岁有余 …… 73
鼠为生肖首 春乃岁时先 …… 74
子时一到开新律 鼠岁三春报好音 …… 75

横披

万象更新 …… 76
五谷丰登 …… 76
福寿康宁 …… 76
花好月圆 …… 76
万事如意 …… 77
气壮山河 …… 77
家业兴旺 …… 77

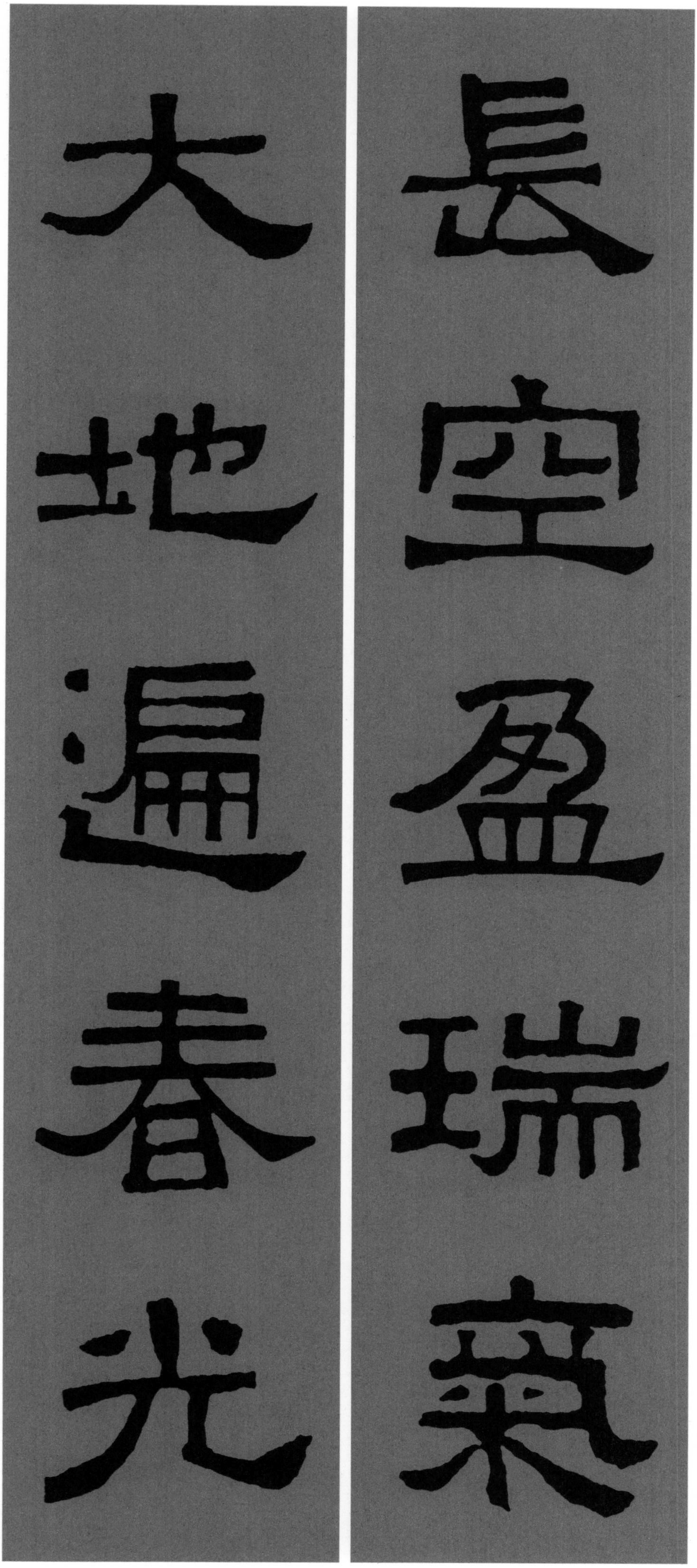

上联 — 长空盈瑞气
下联 — 大地遍春光

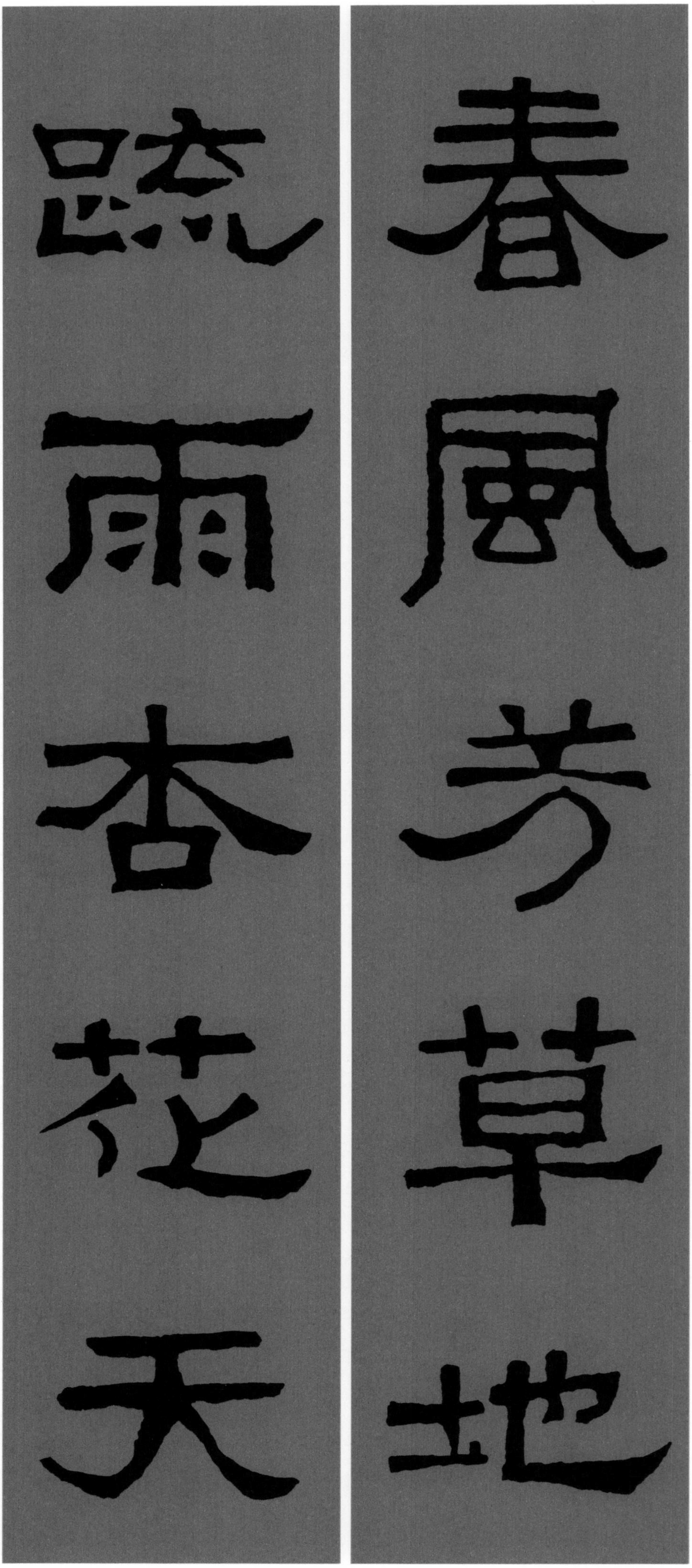

上联—春风芳草地
下联—疏雨杏花天

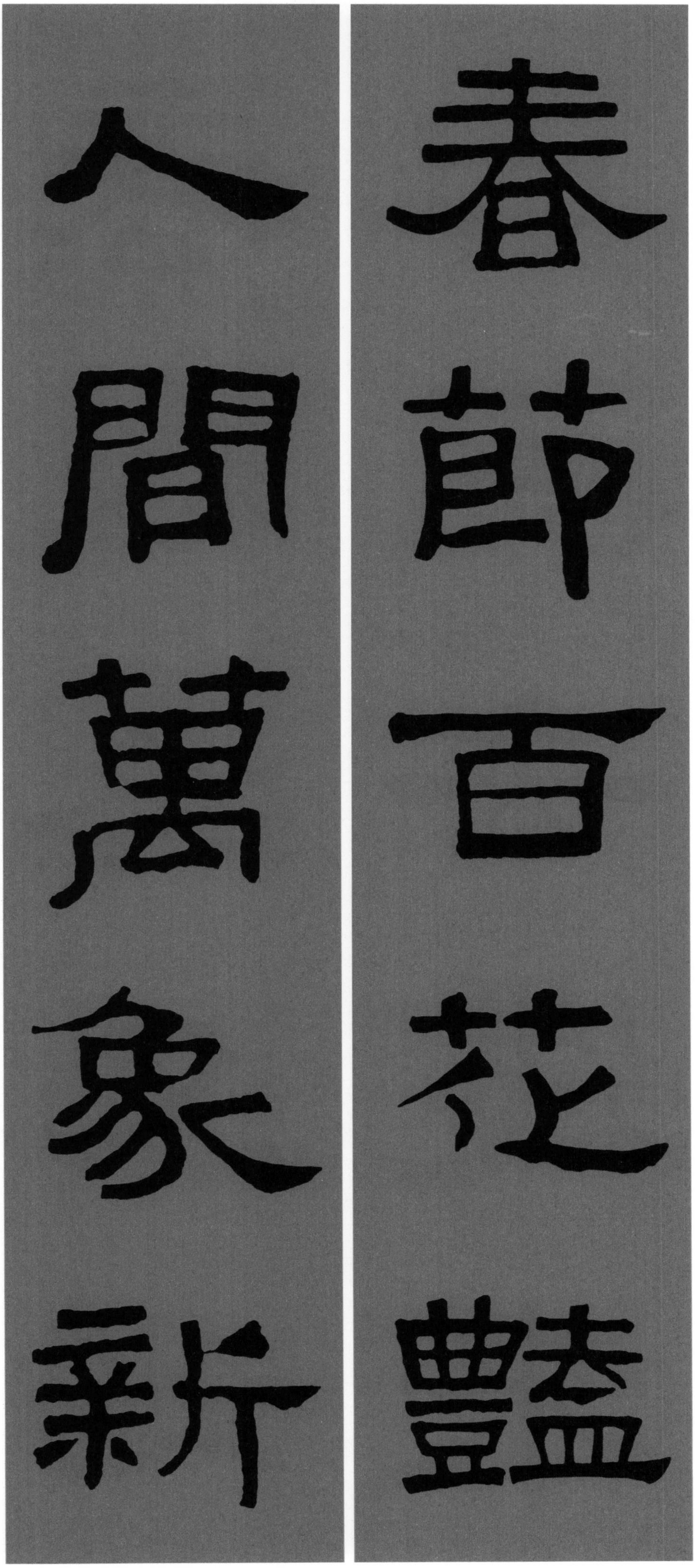

上联—春节百花艳
下联—人间万象新

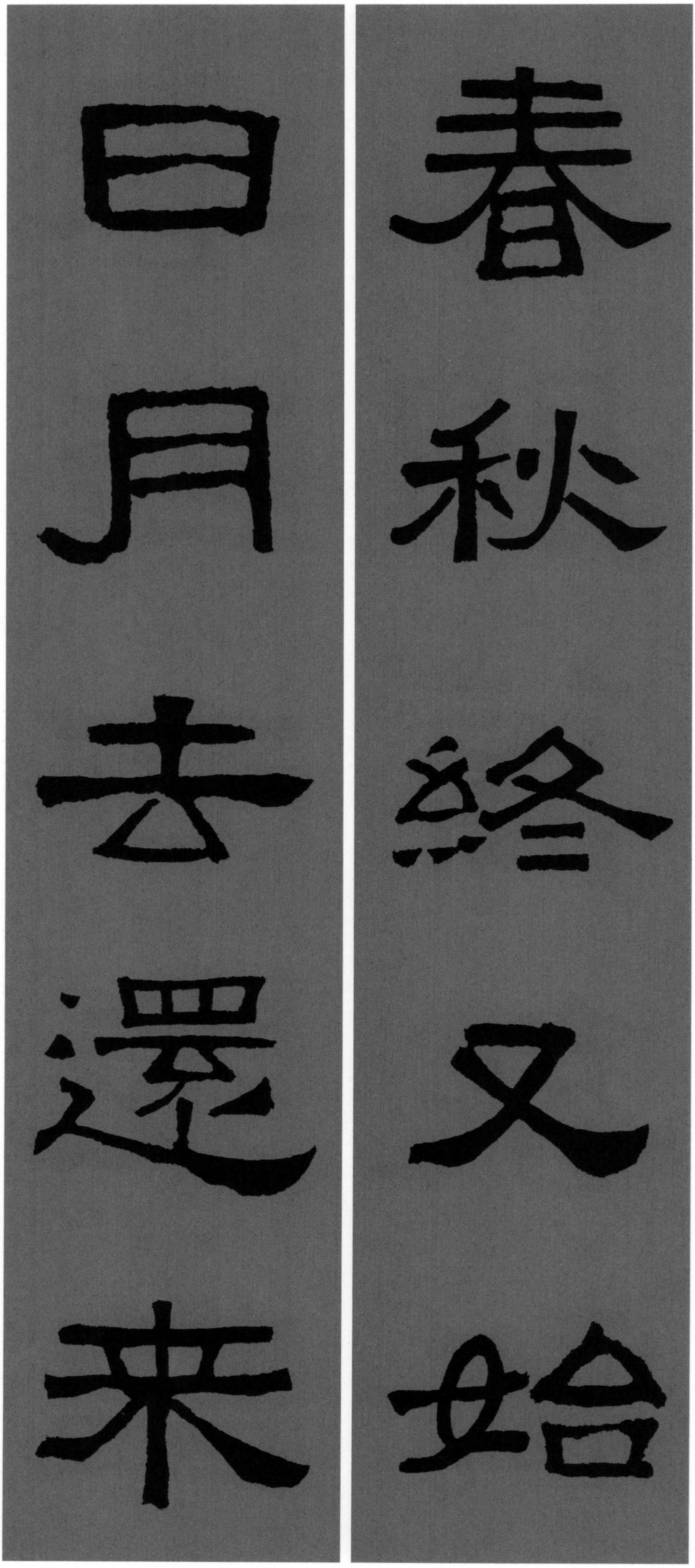

上联—春秋终又始
下联—日月去还来

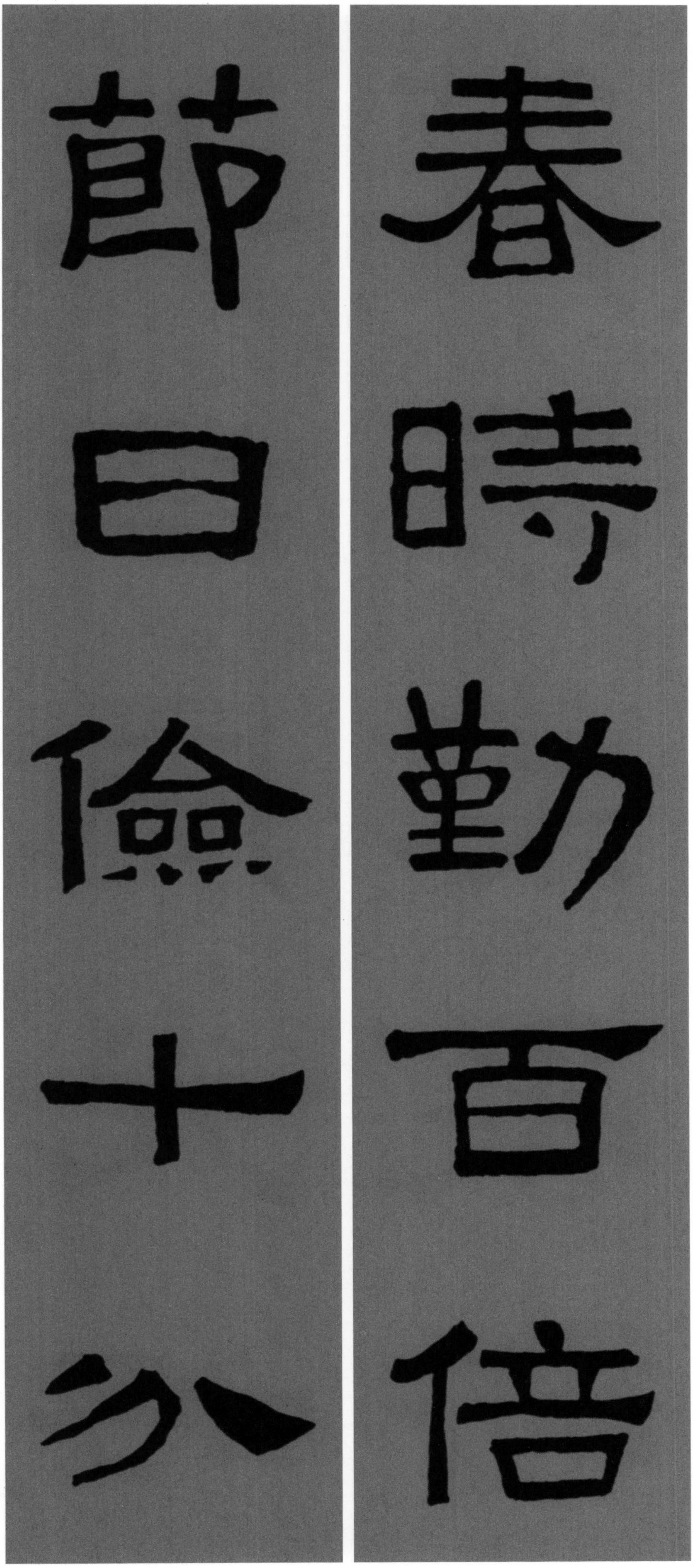

上联一 春时勤百倍
下联一 节日俭十分

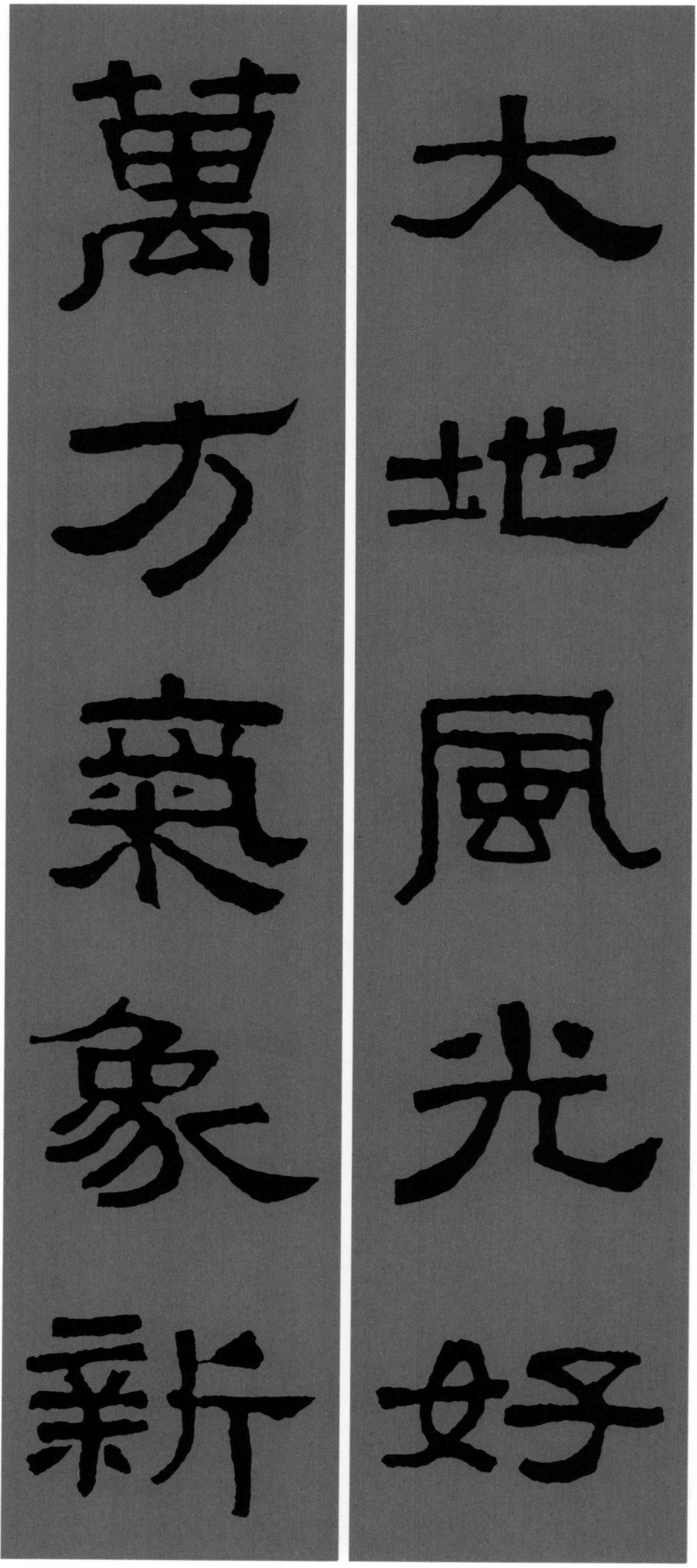

上联—大地风光好
下联—万方气象新

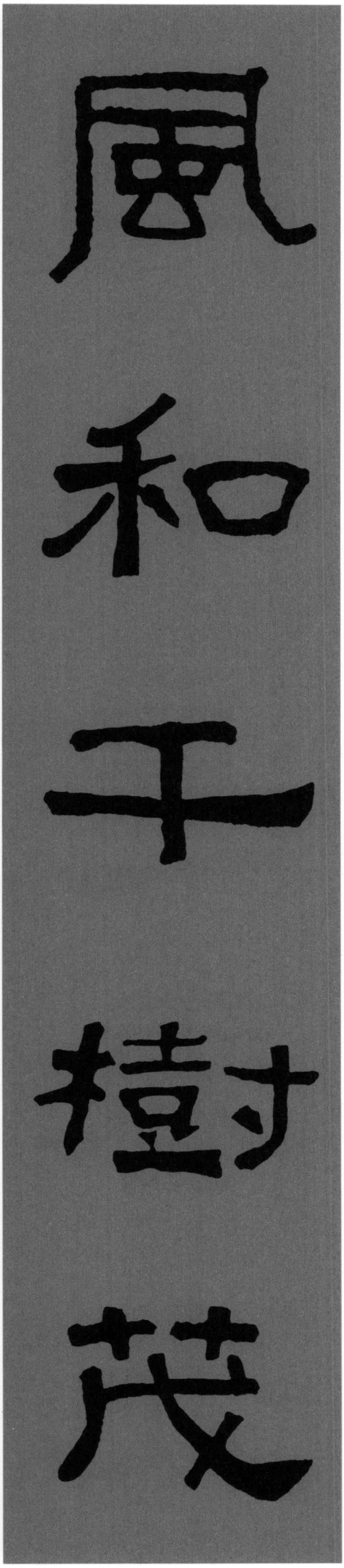

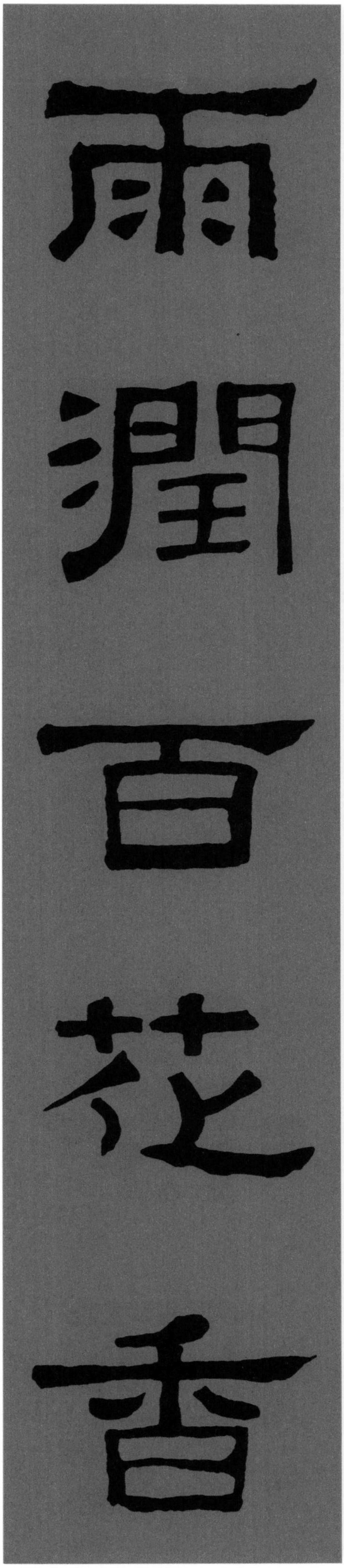

上联—风和千树茂
下联—雨润百花香

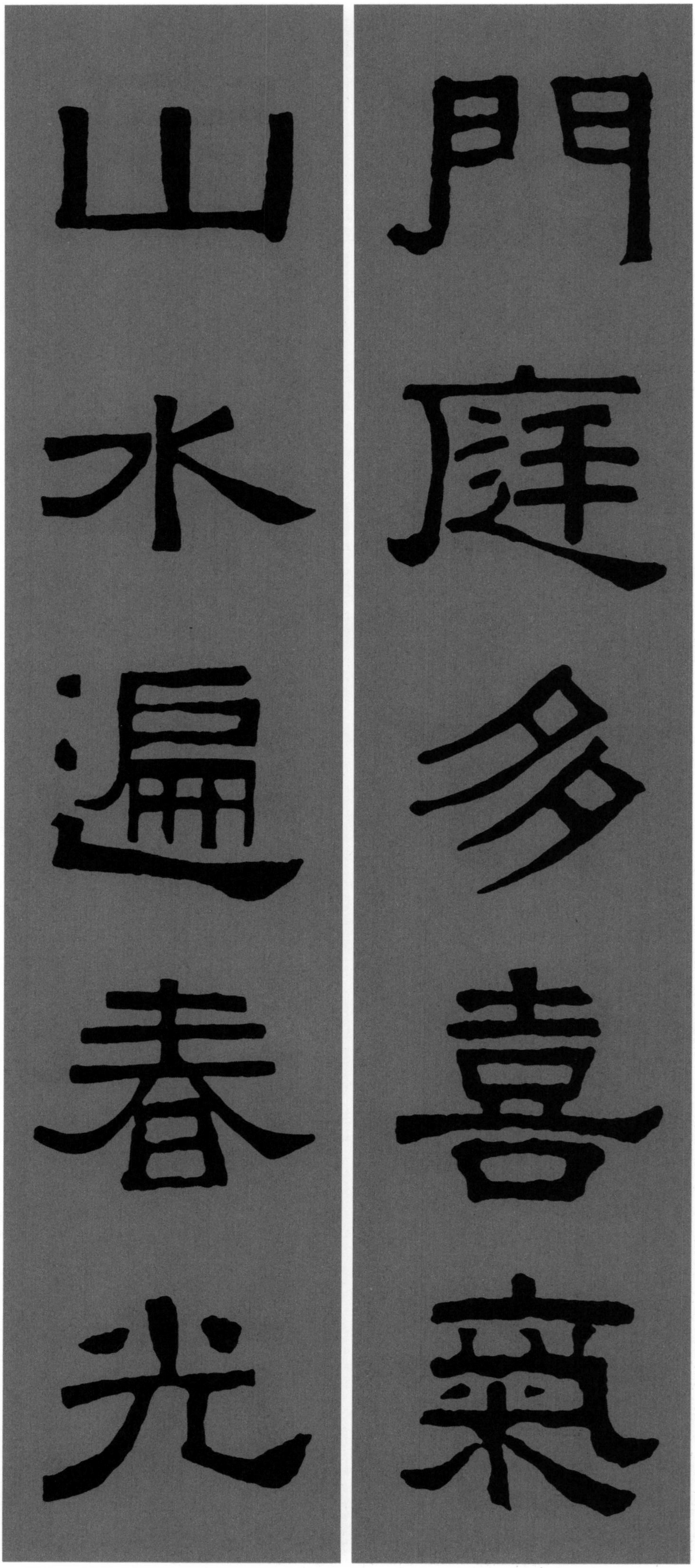

上联—门庭多喜气
下联—山水遍春光

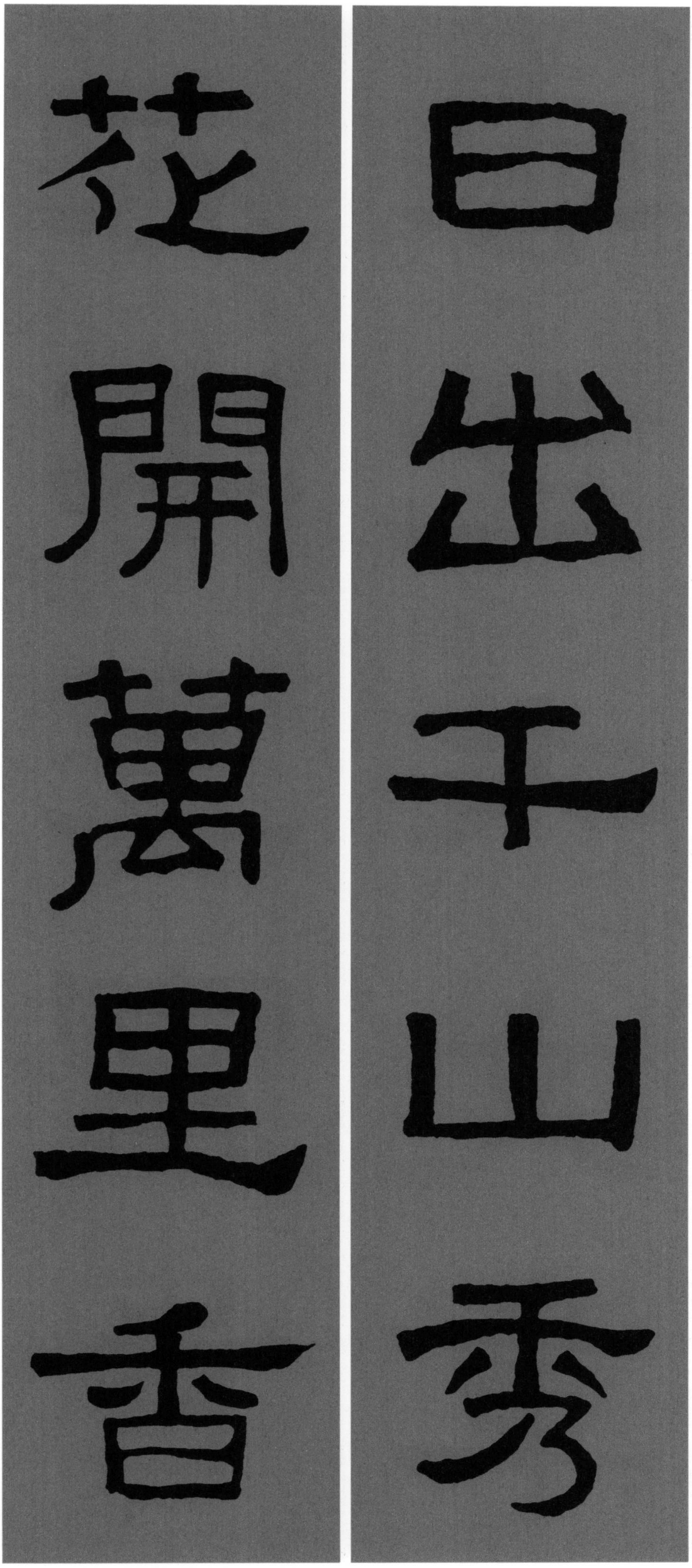

上联——日出千山秀
下联——花开万里香

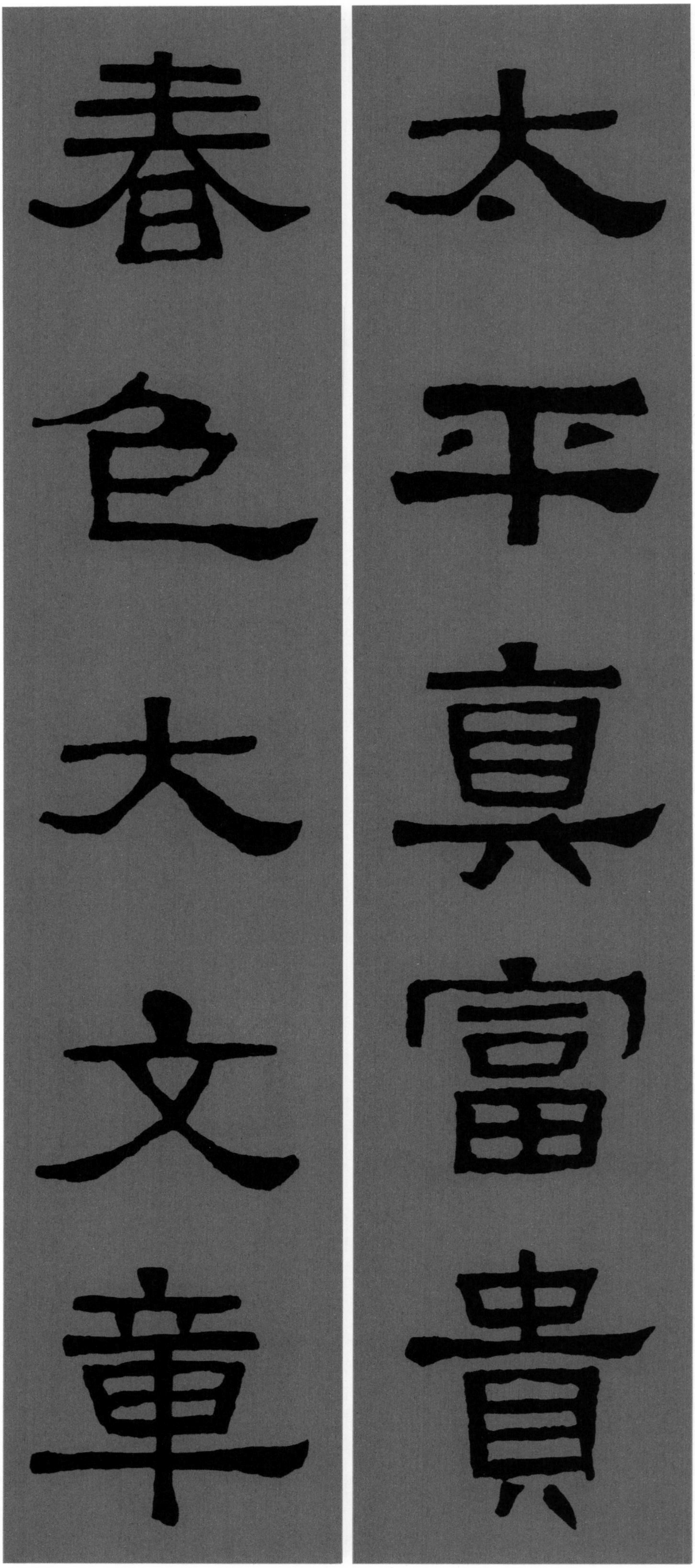

上联— 太平真富贵
下联— 春色大文章

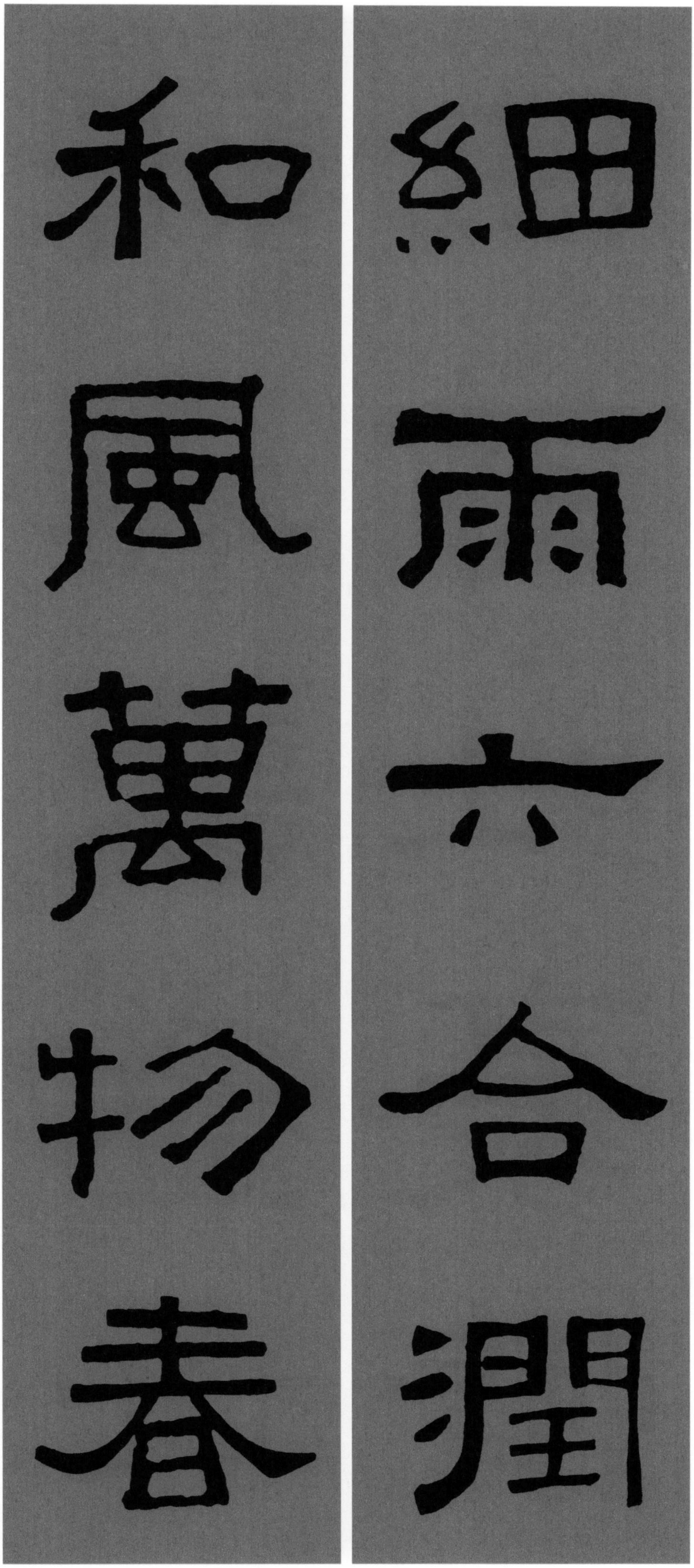

上联—细雨六合润
下联—和风万物春

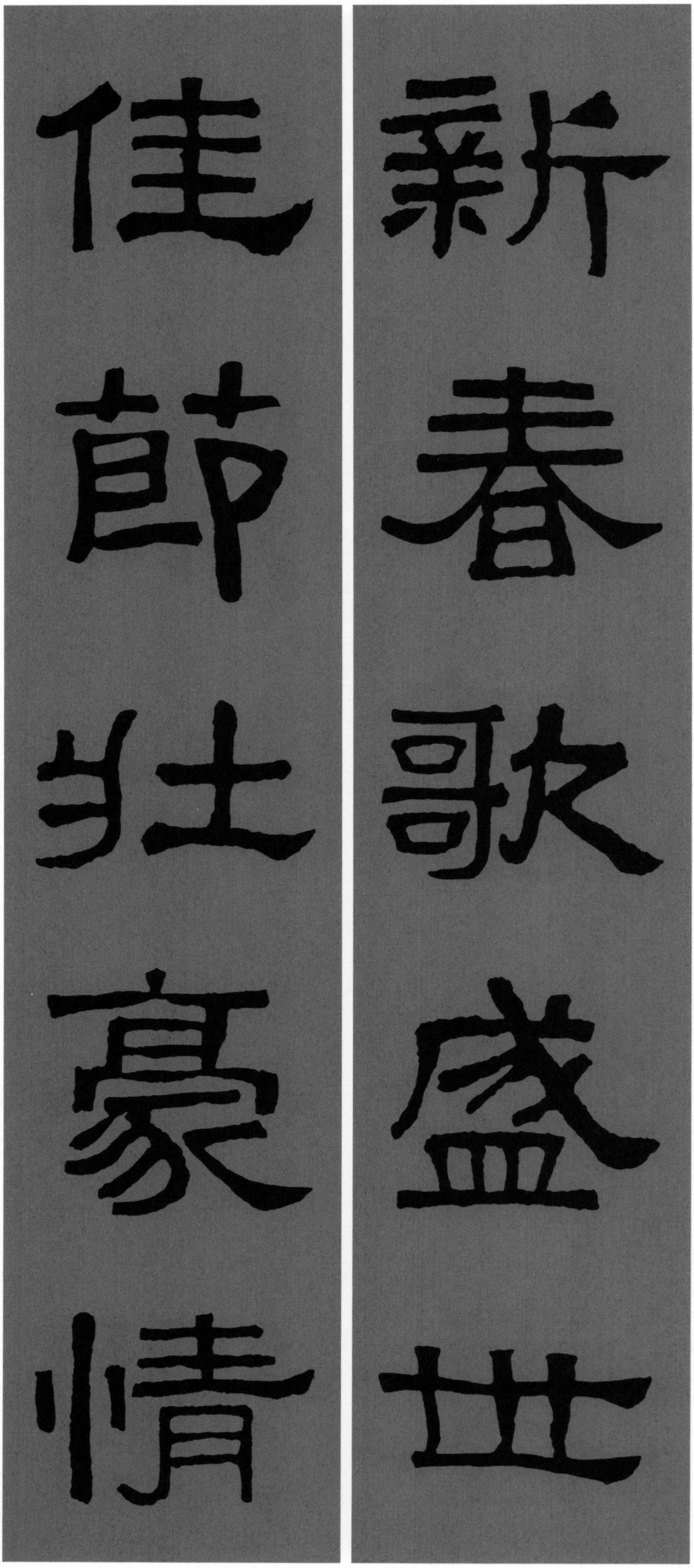

上联—新春歌盛世
下联—佳节壮豪情

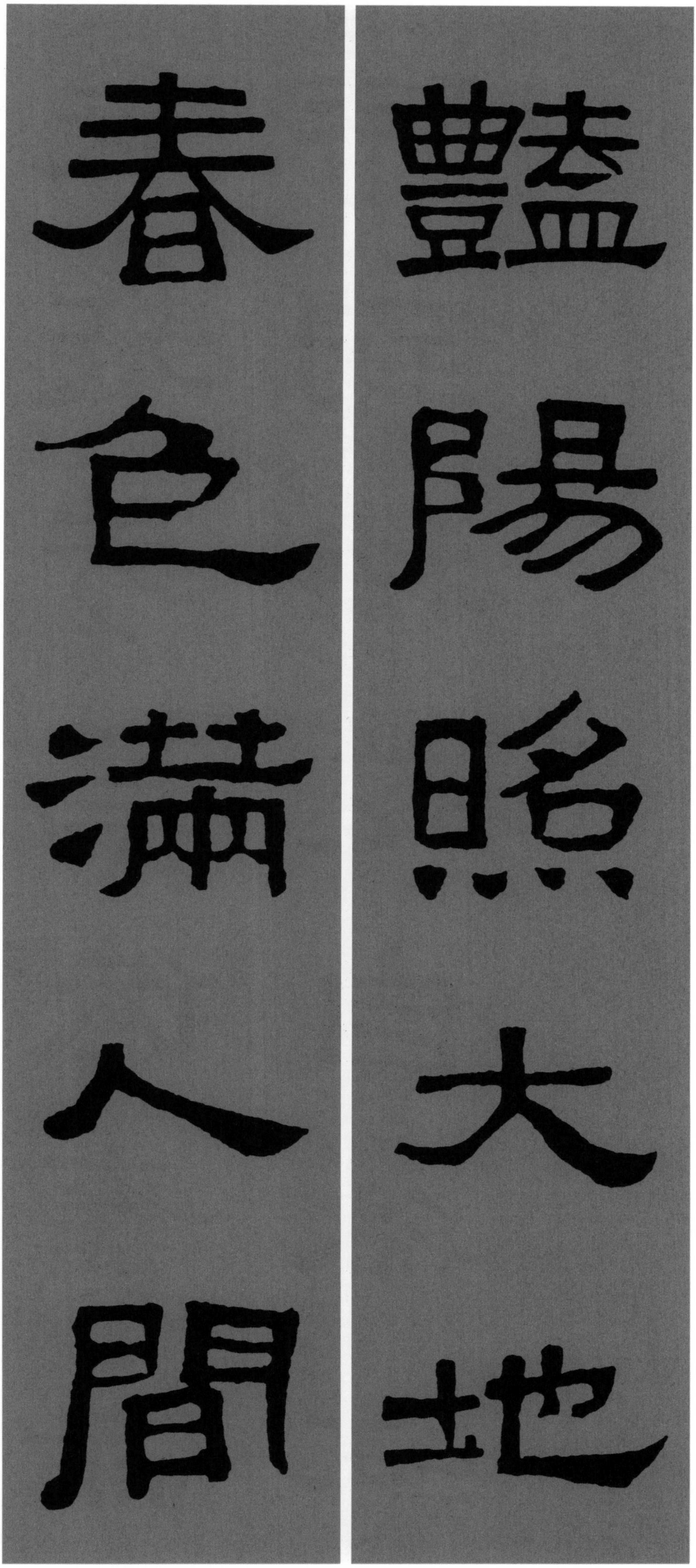

上联— 艳阳照大地
下联— 春色满人间

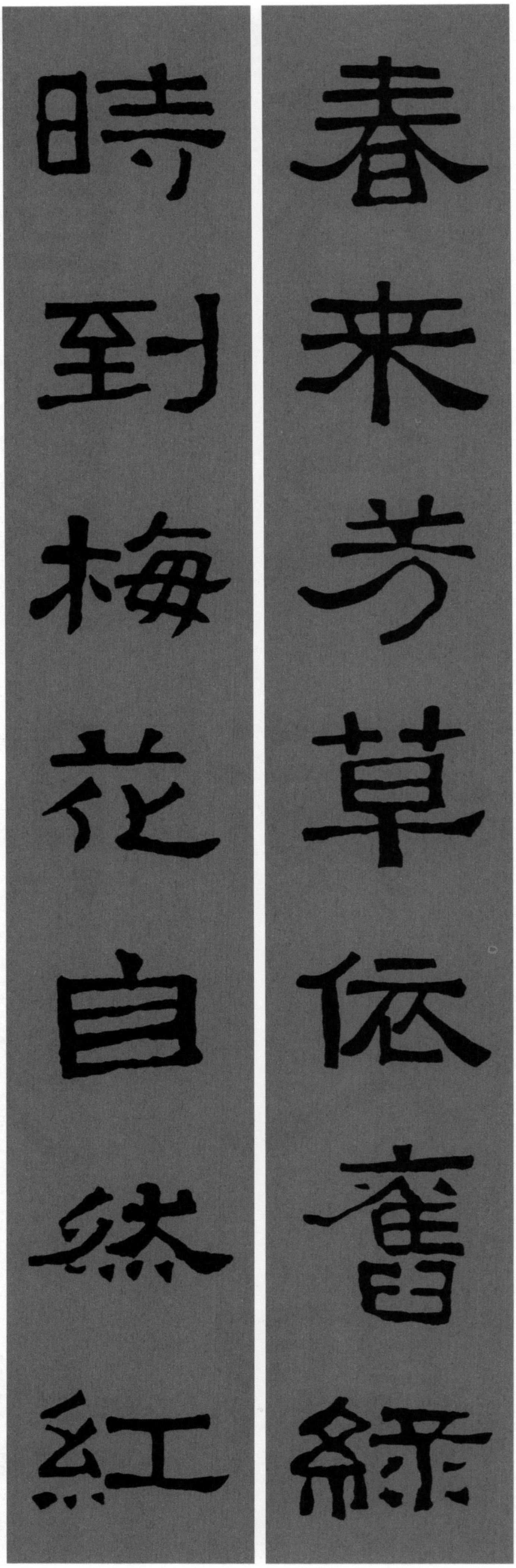

上联—春来芳草依旧绿
下联—时到梅花自然红

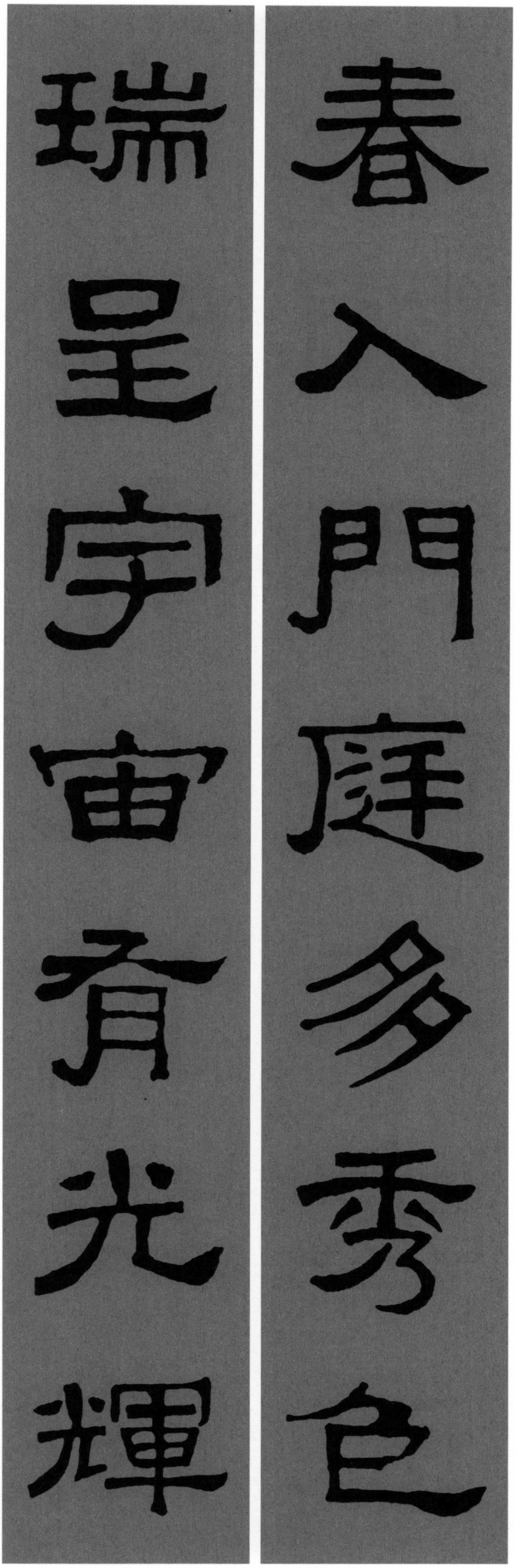
春入門庭多秀色
瑞呈宇宙有光輝

上联—春入门庭多秀色
下联—瑞呈宇宙有光辉

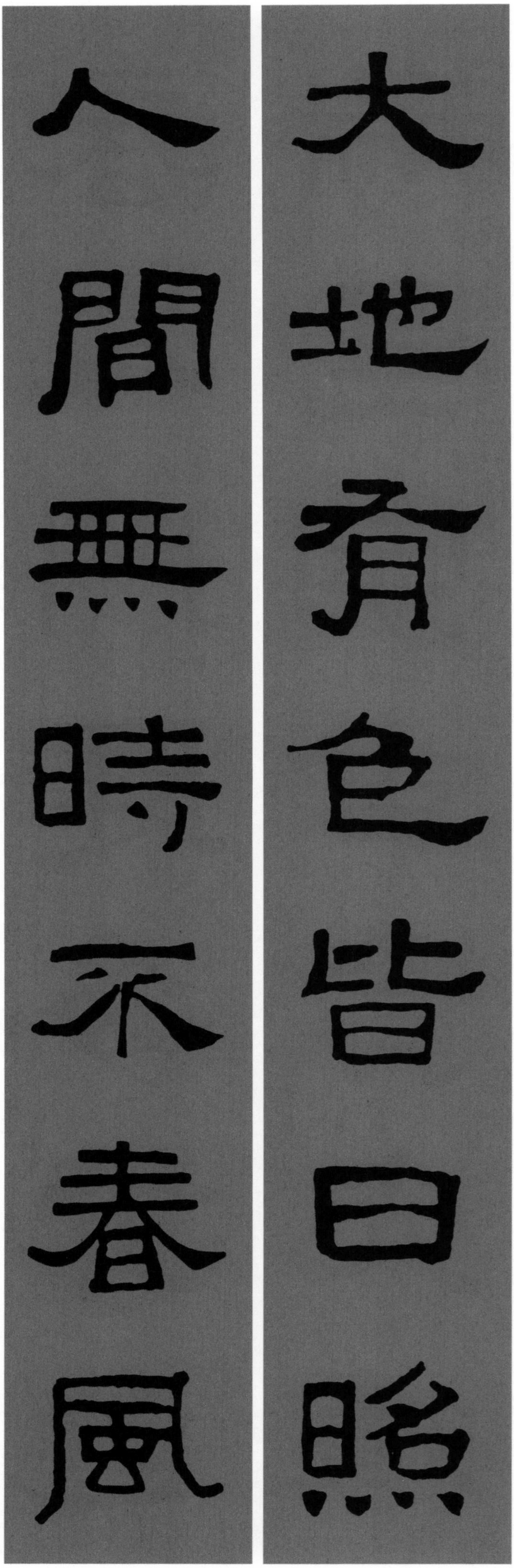

上联—大地有色皆日照
下联—人间无时不春风

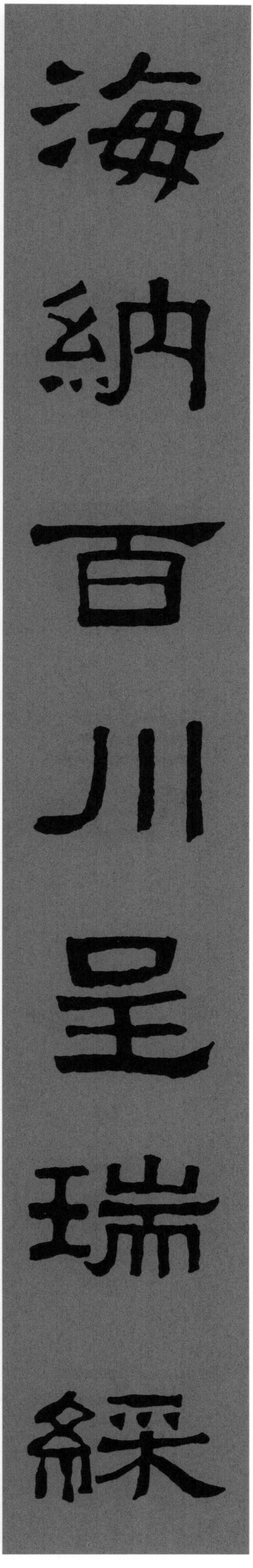

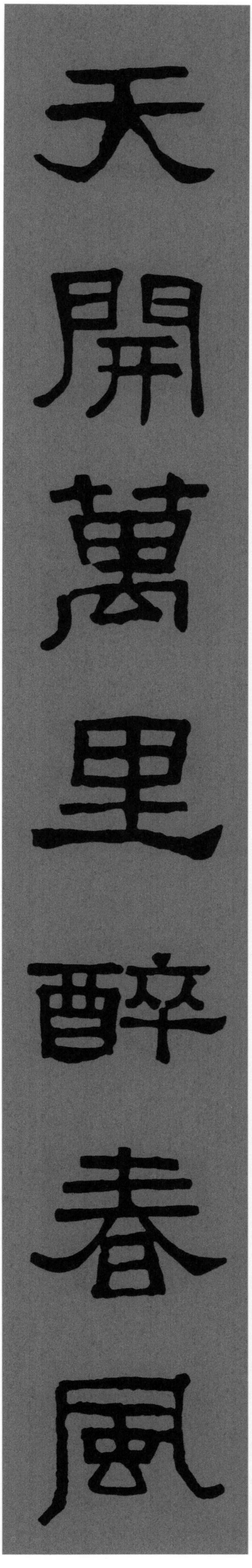

上联—海纳百川呈瑞彩
下联—天开万里醉春风

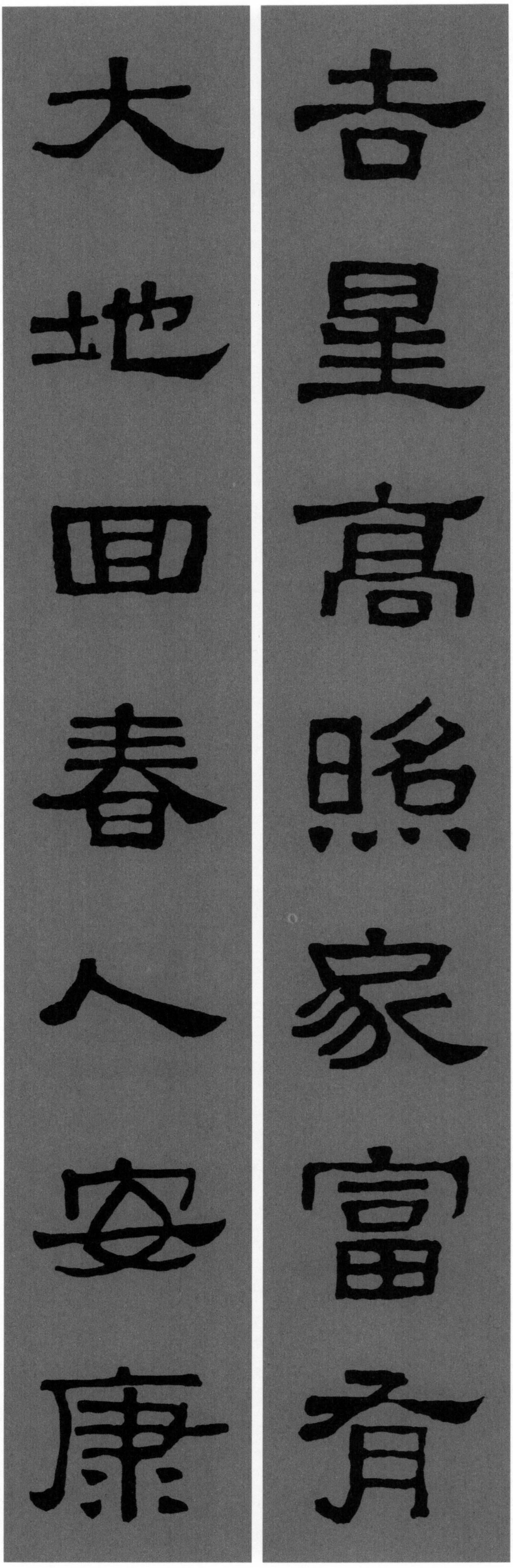
吉星高照家富有
大地回春人安康

上联— 吉星高照家富有
下联— 大地回春人安康

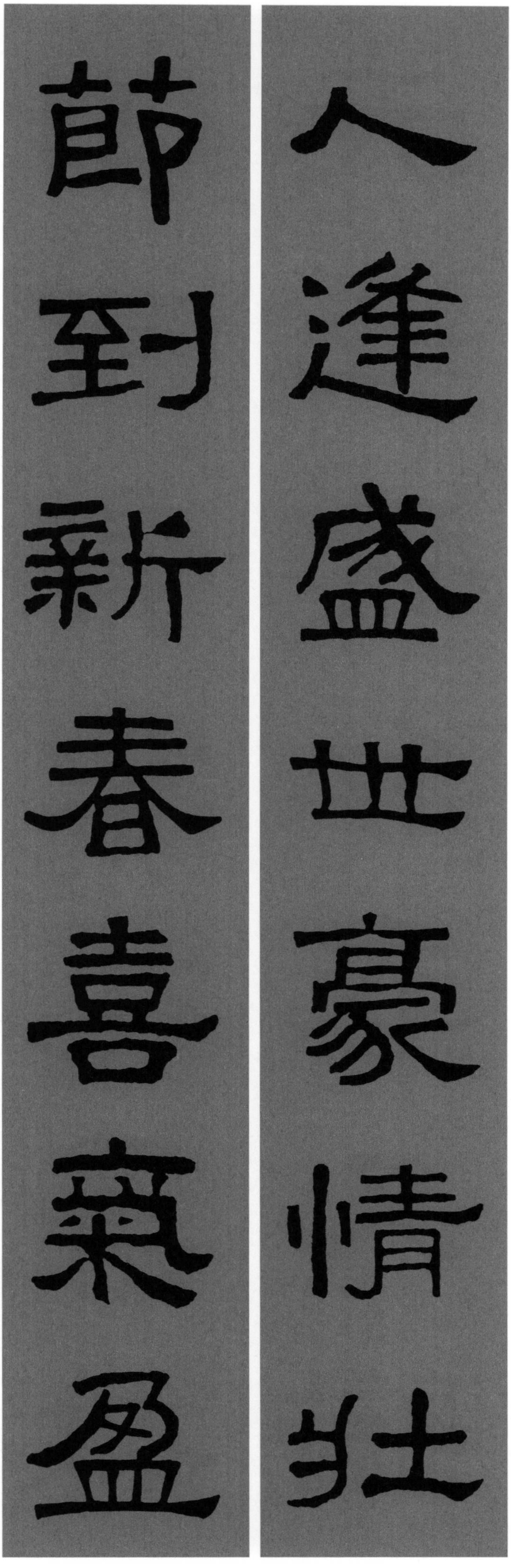

上联：人逢盛世豪情壮
下联：节到新春喜气盈

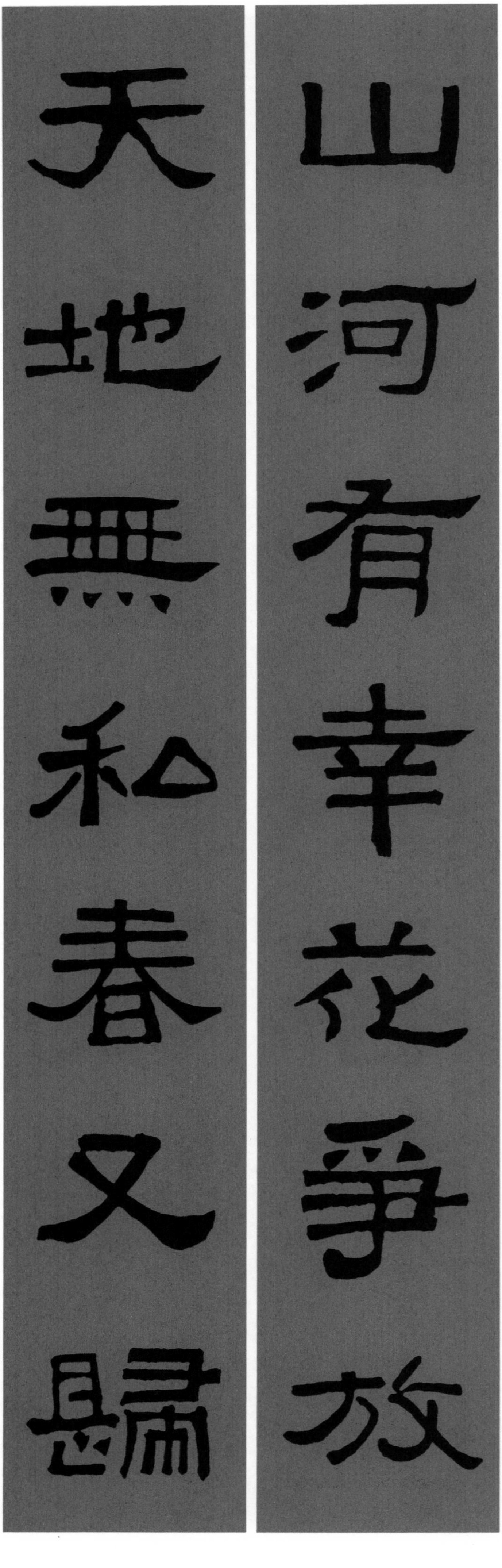

上联一 山河有幸花争放
下联一 天地无私春又归

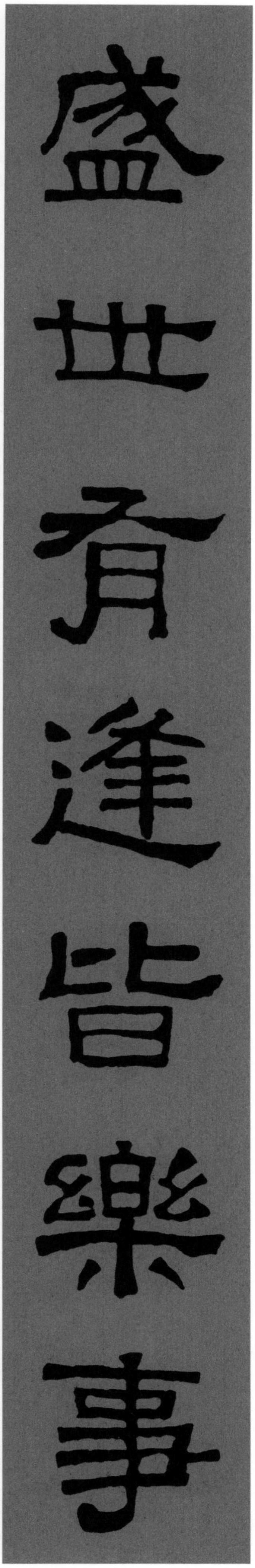

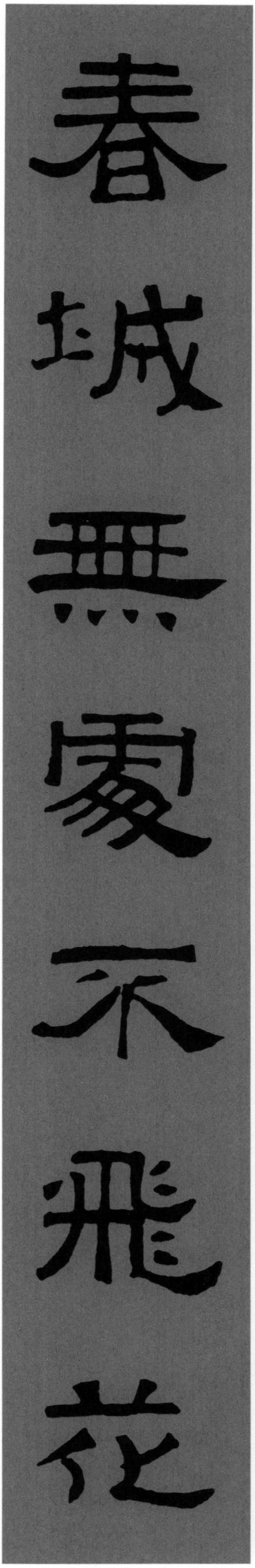

上联—盛世有逢皆乐事

下联—春城无处不飞花

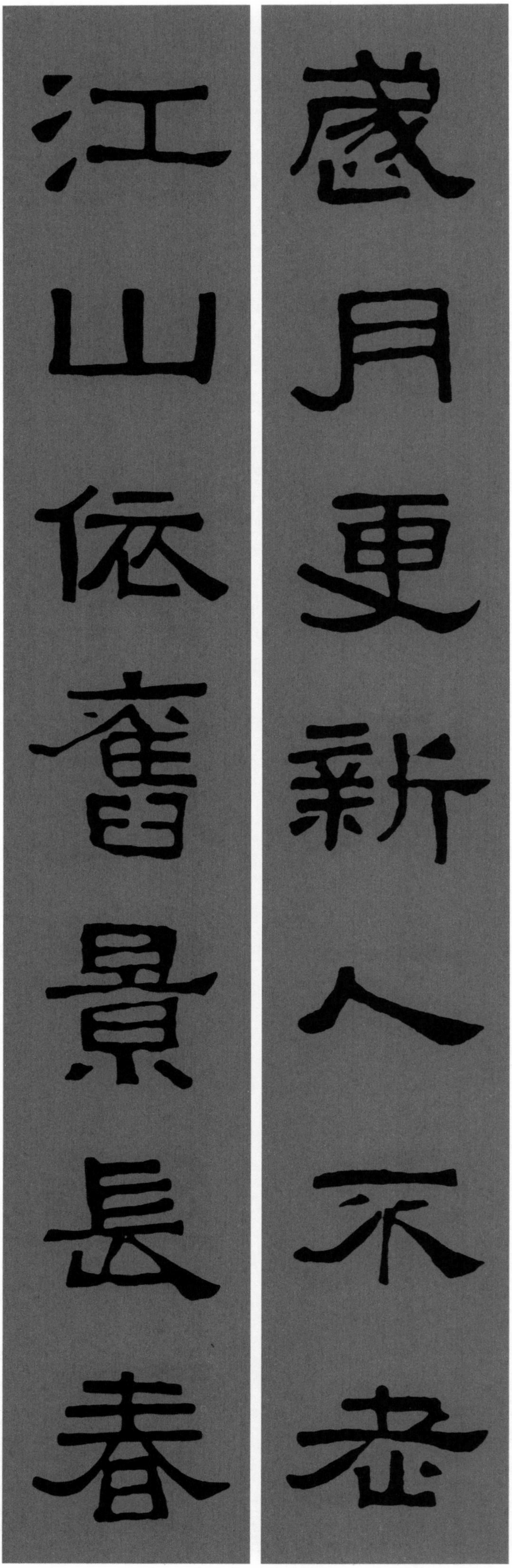

上联一 岁月更新人不老
下联一 江山依旧景长春

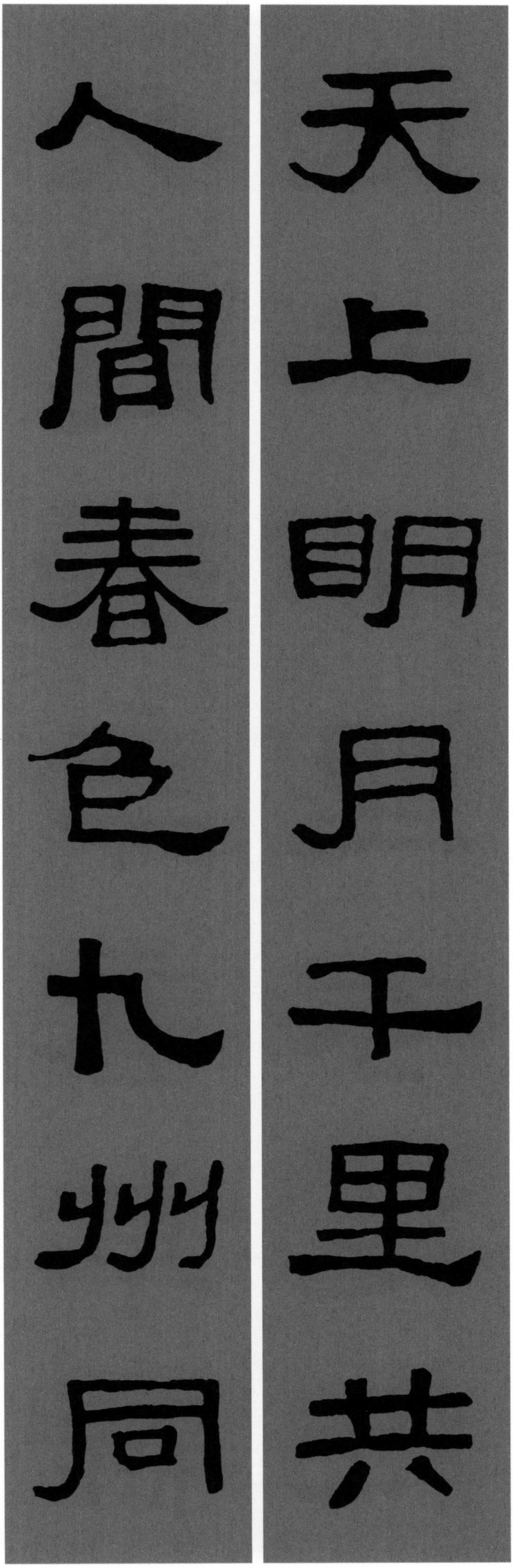
天上明月千里共
人間春色九州同

上联—天上明月千里共
下联—人间春色九州同

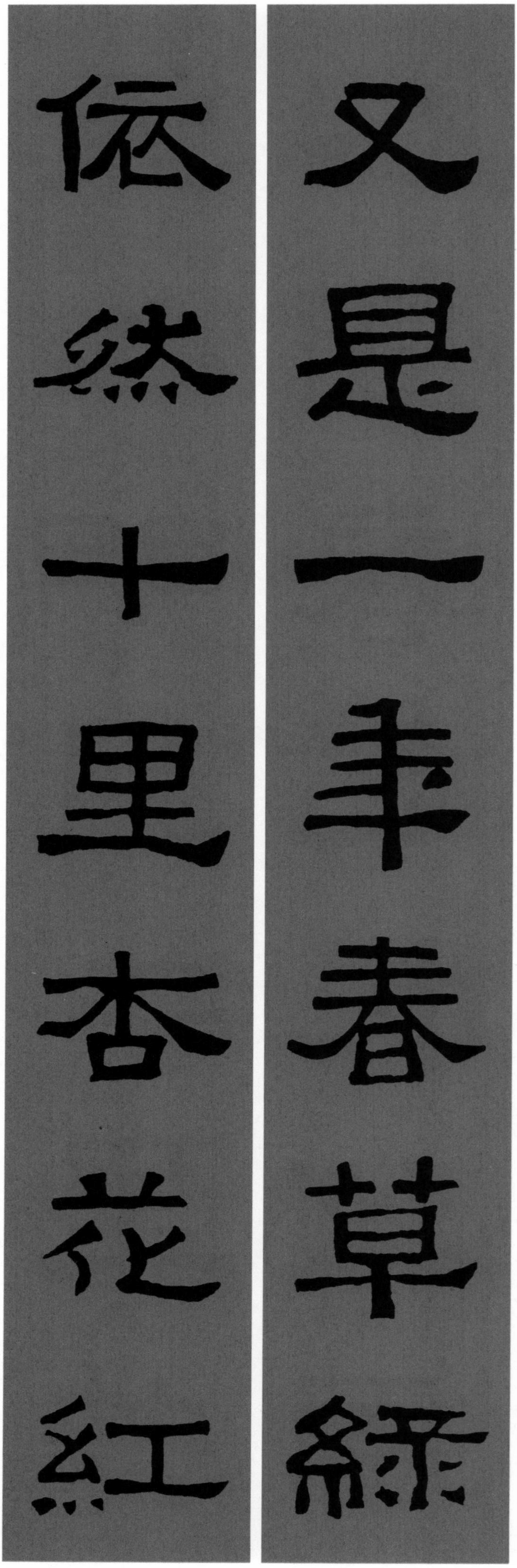

上联｜又是一年春草绿
下联｜依然十里杏花红

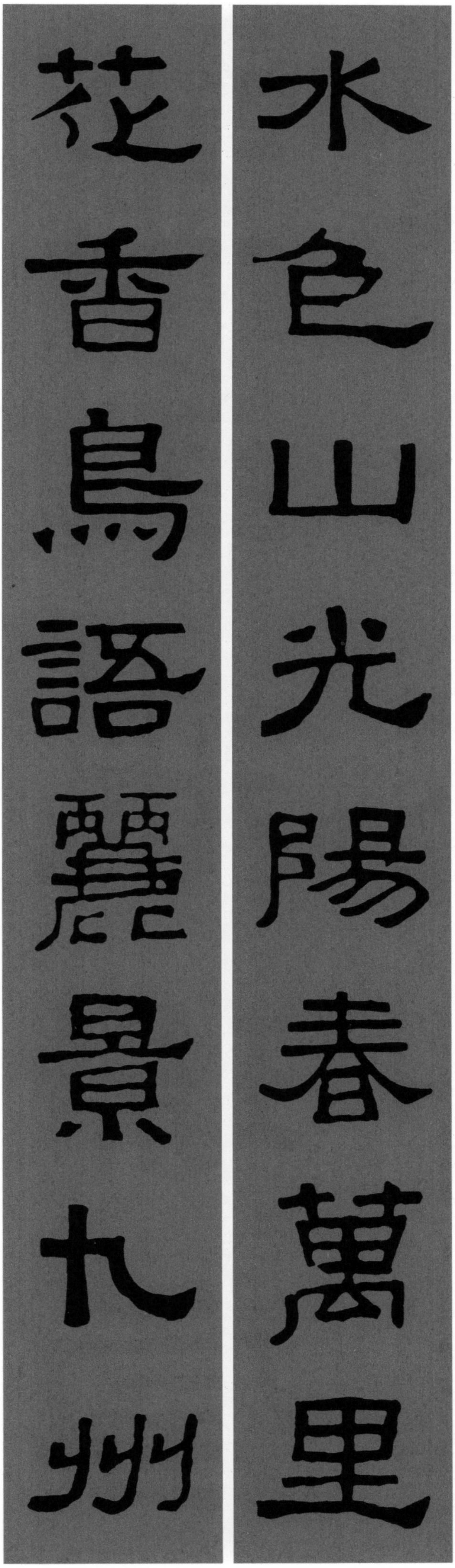

上联一水色山光阳春万里
下联一花香鸟语丽景九州

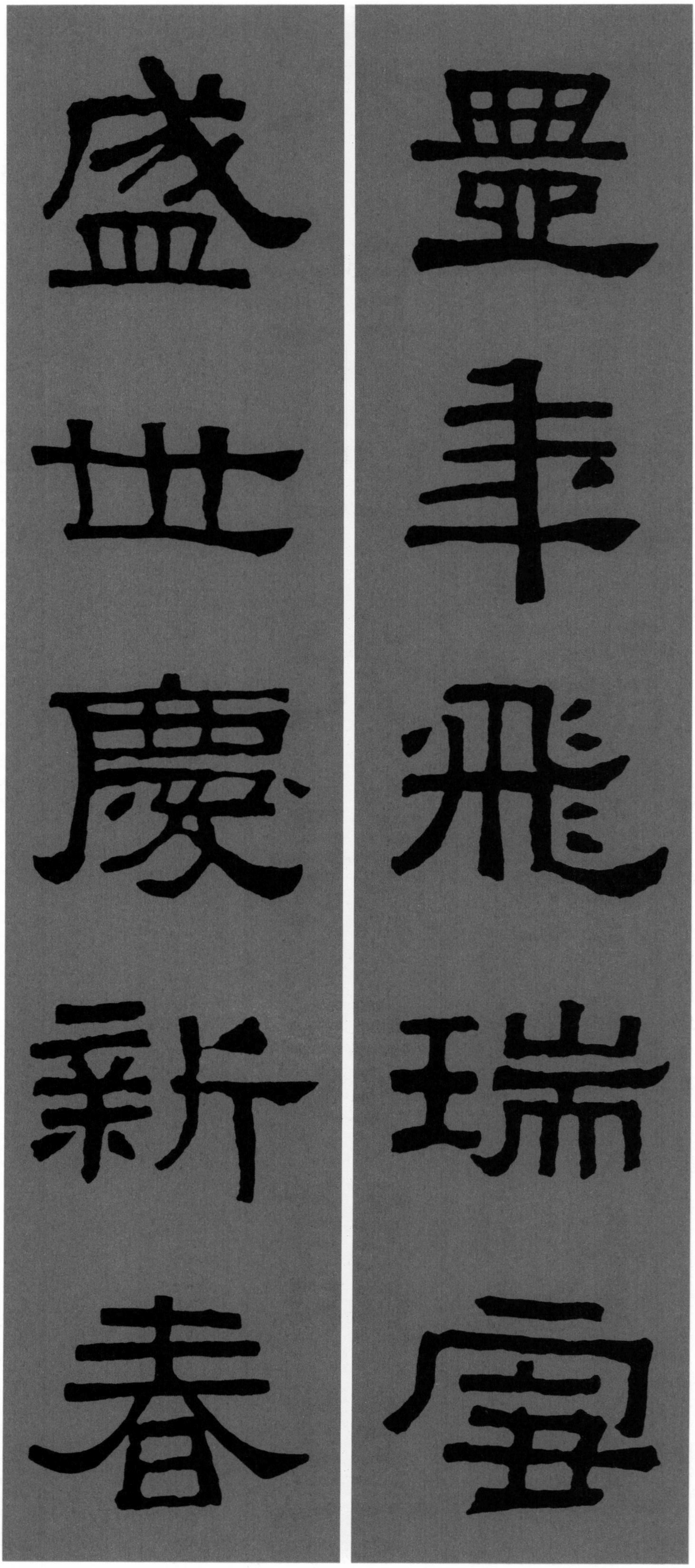

上联—丰年飞瑞雪
下联—盛世庆新春

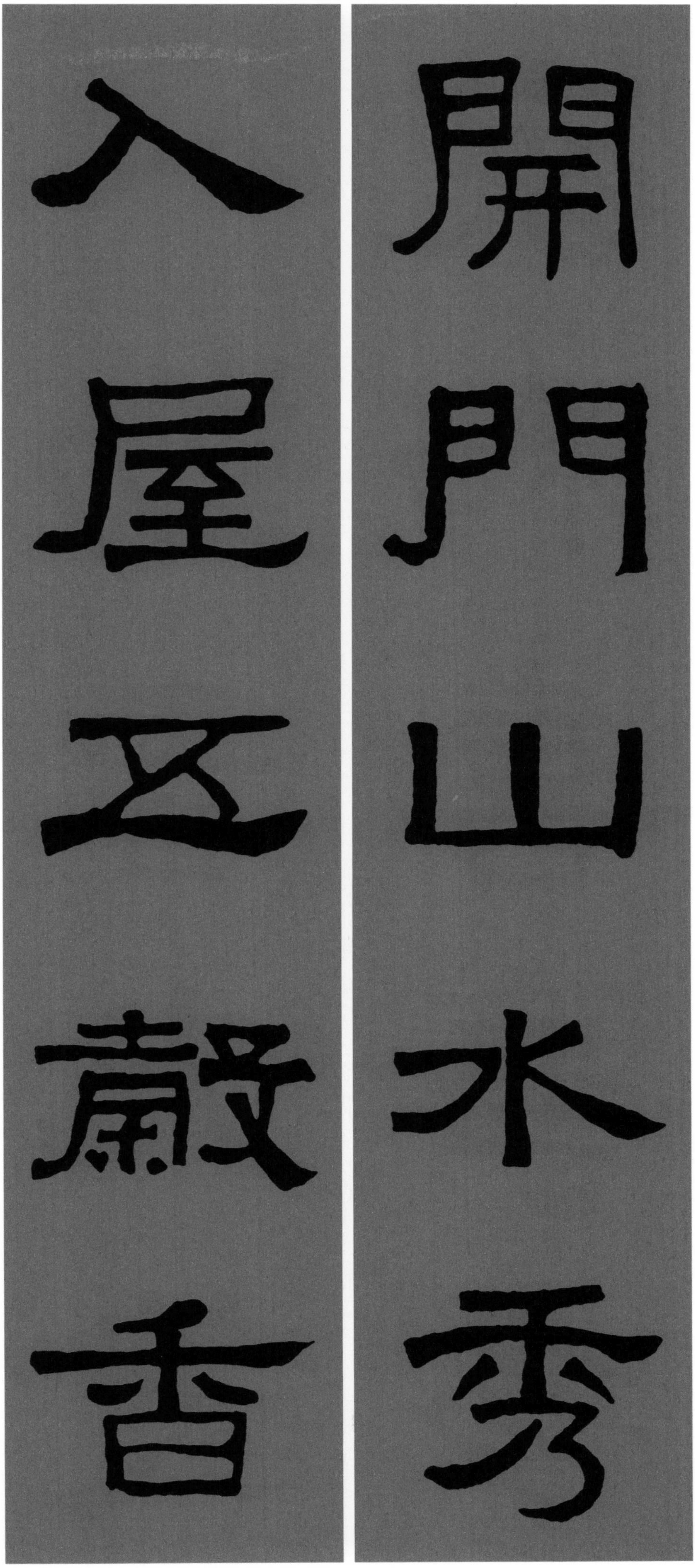

上联— 开门山水秀
下联— 入屋五谷香

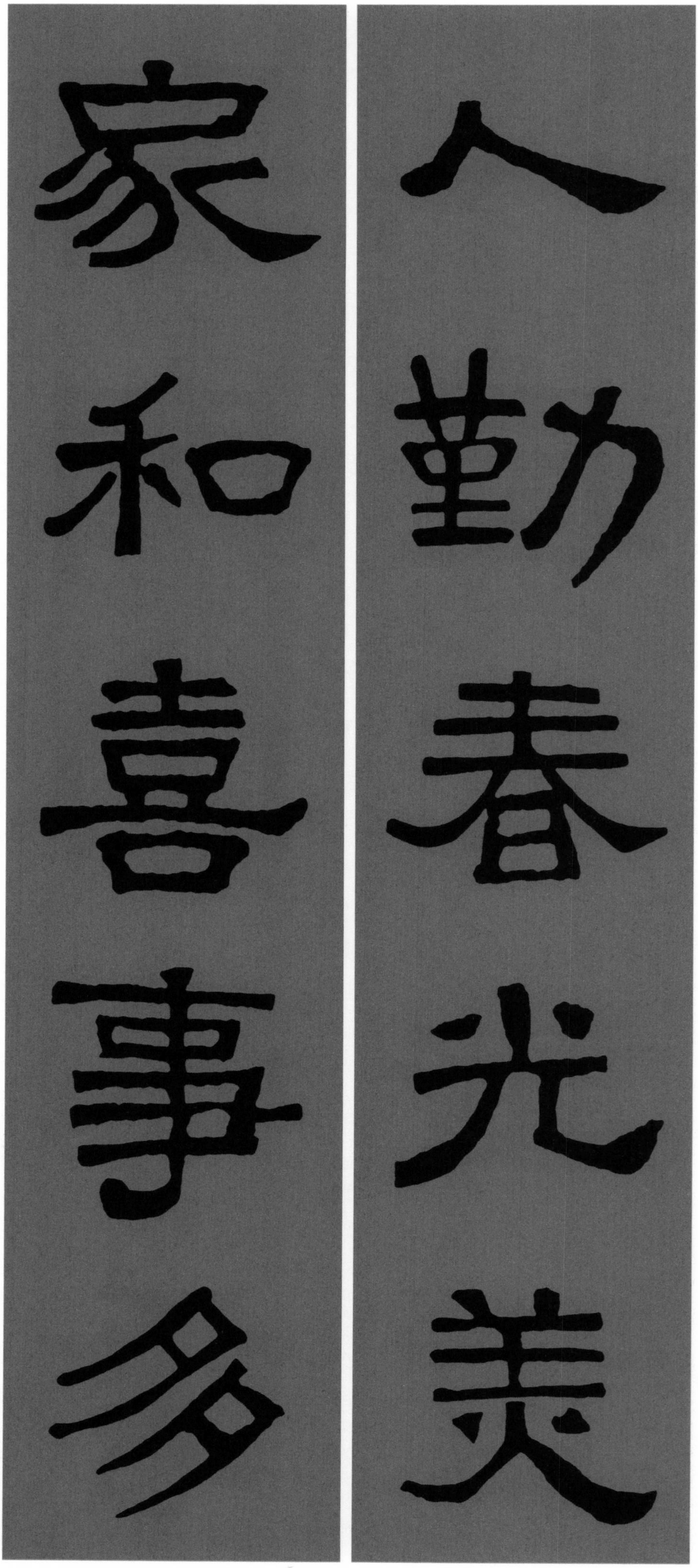

上联— 人勤春光美
下联— 家和喜事多

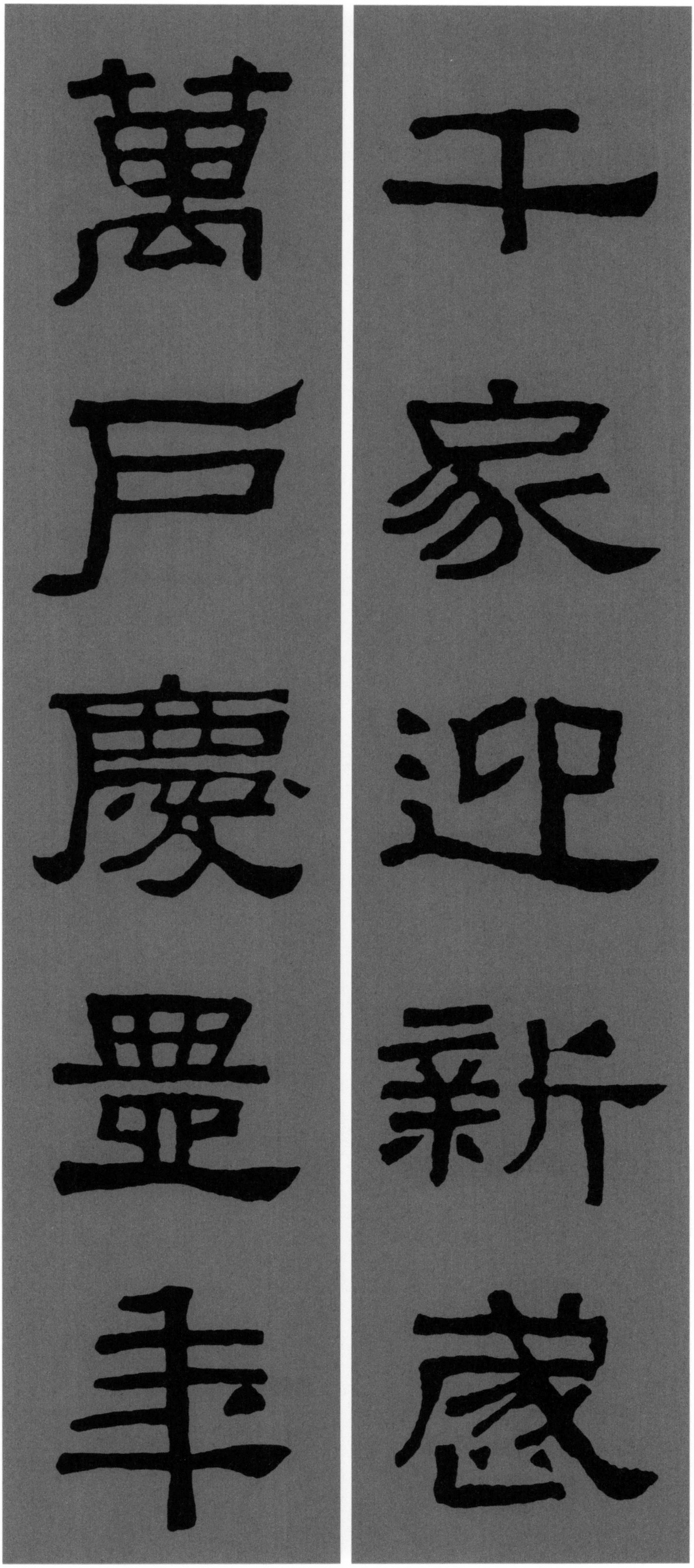

上联一 千家迎新岁
下联一 万户庆丰年

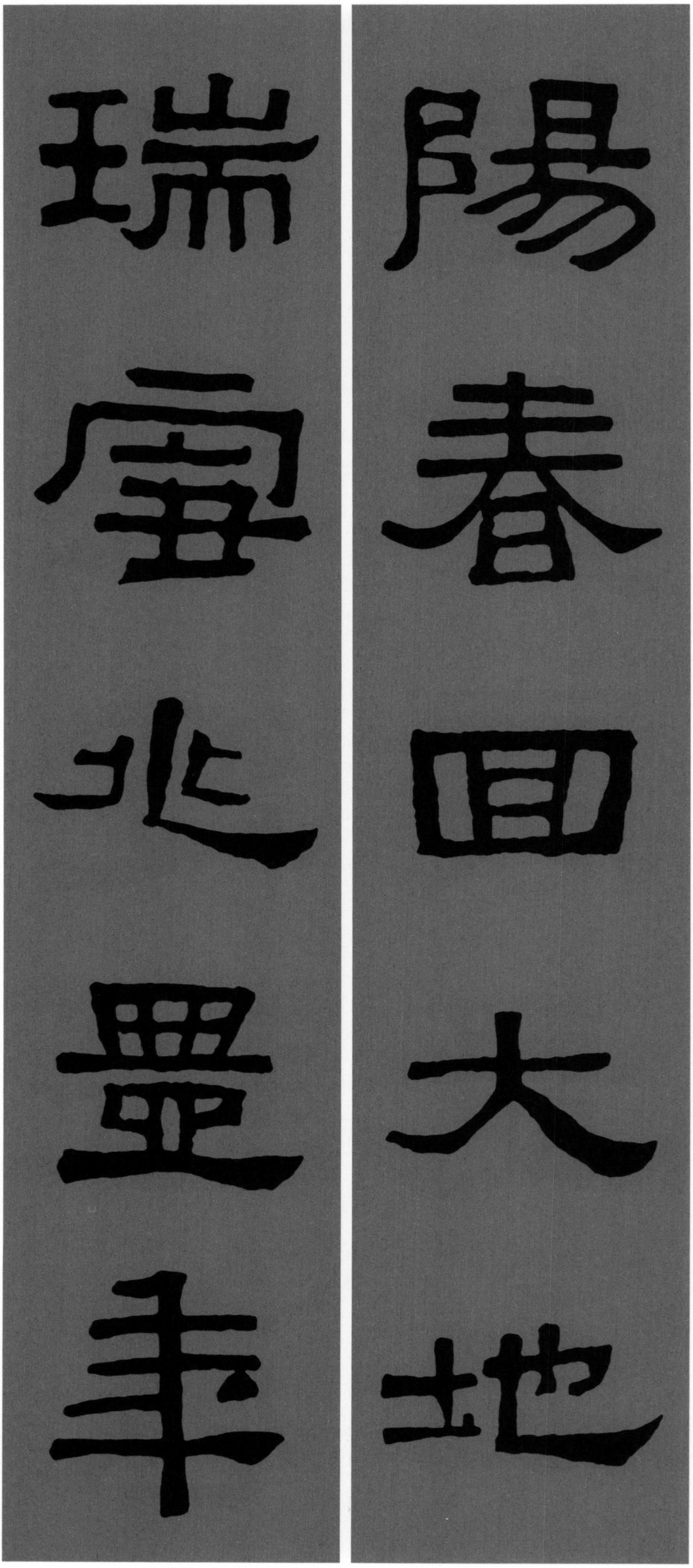

上联—阳春回大地
下联—瑞雪兆丰年

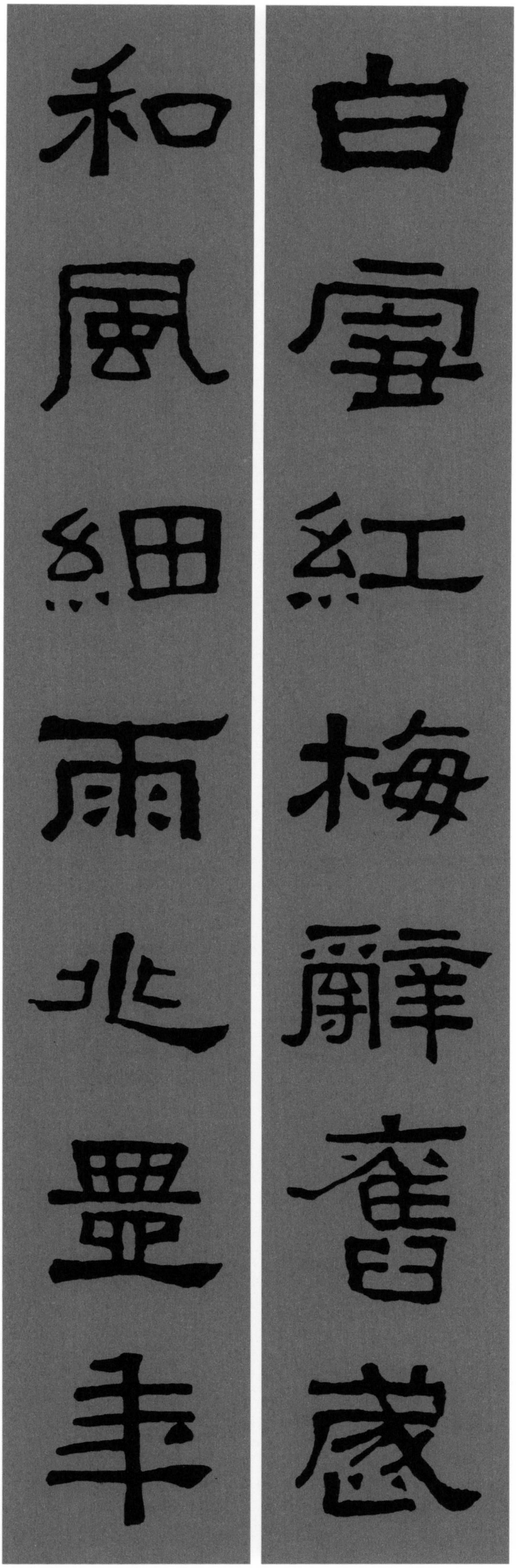

上联—白雪红梅辞旧岁
下联—和风细雨兆丰年

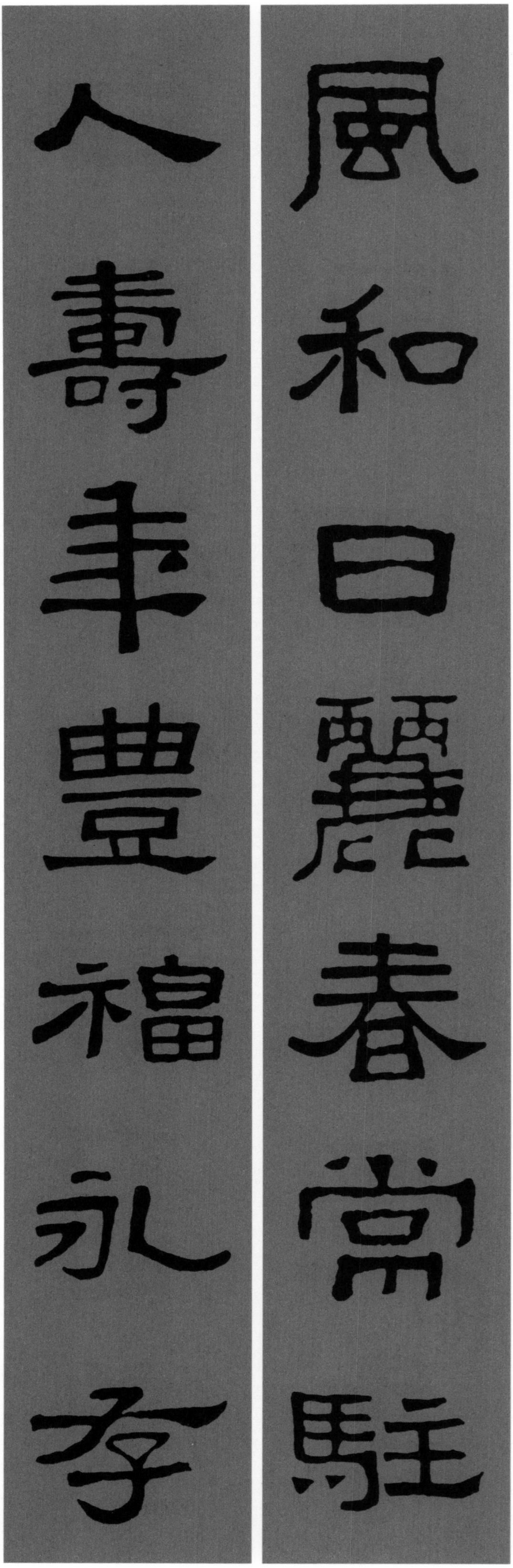

上联｜风和日丽春常驻
下联｜人寿年丰福永存

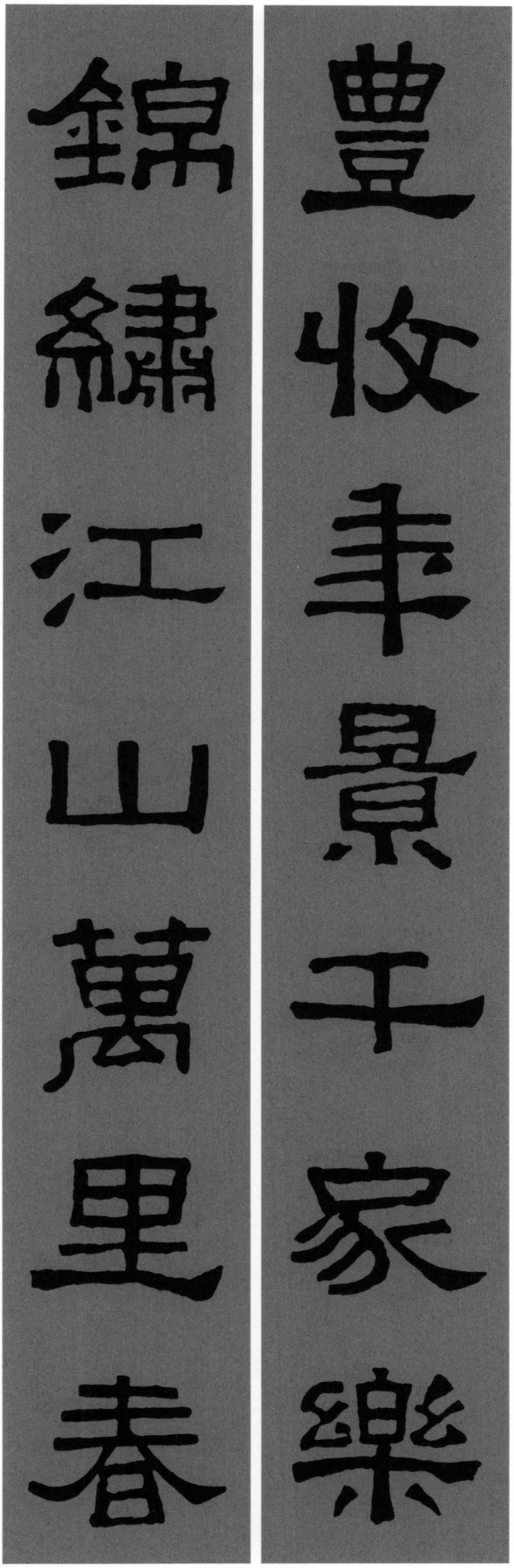
豐收年景千家樂
錦繡江山萬里春

上联 — 丰收年景千家乐
下联 — 锦绣江山万里春

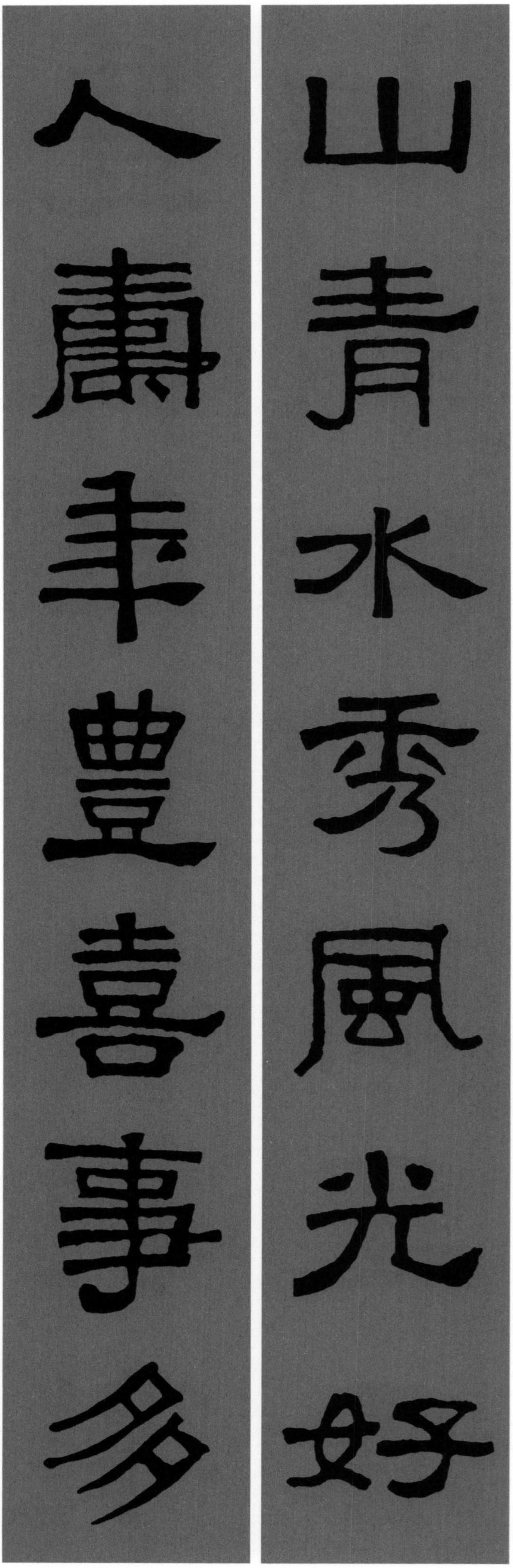

上联—山青水秀风光好
下联—人寿年丰喜事多

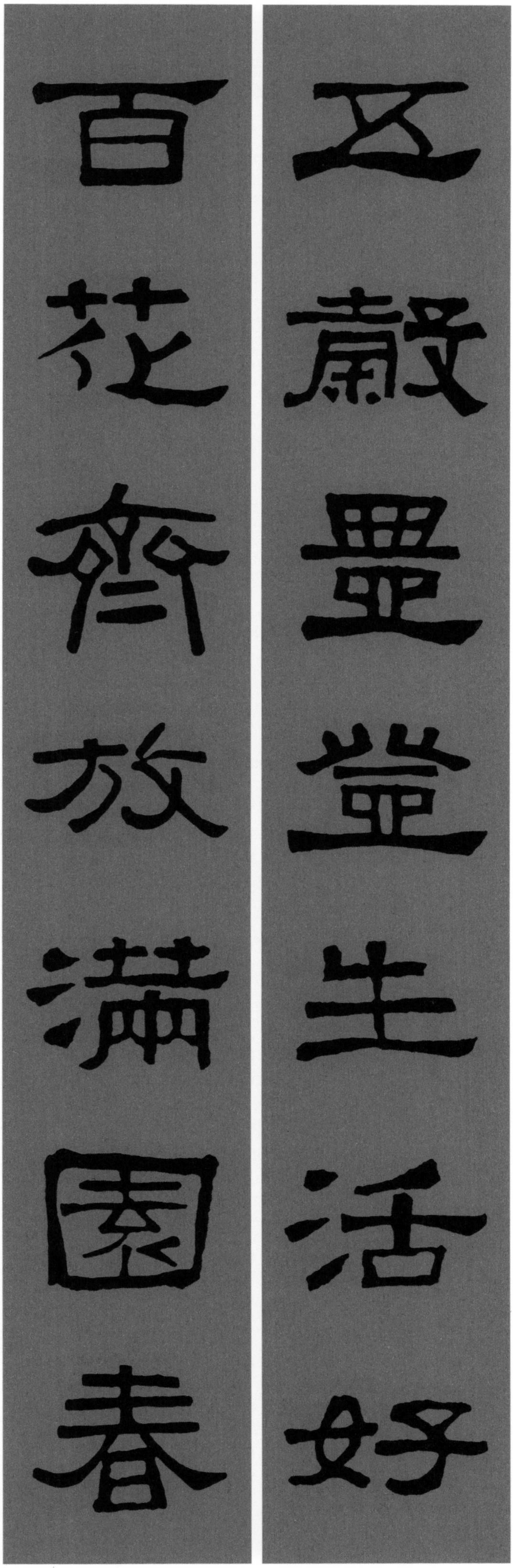

上联—五谷丰登生活好
下联—百花齐放满园春

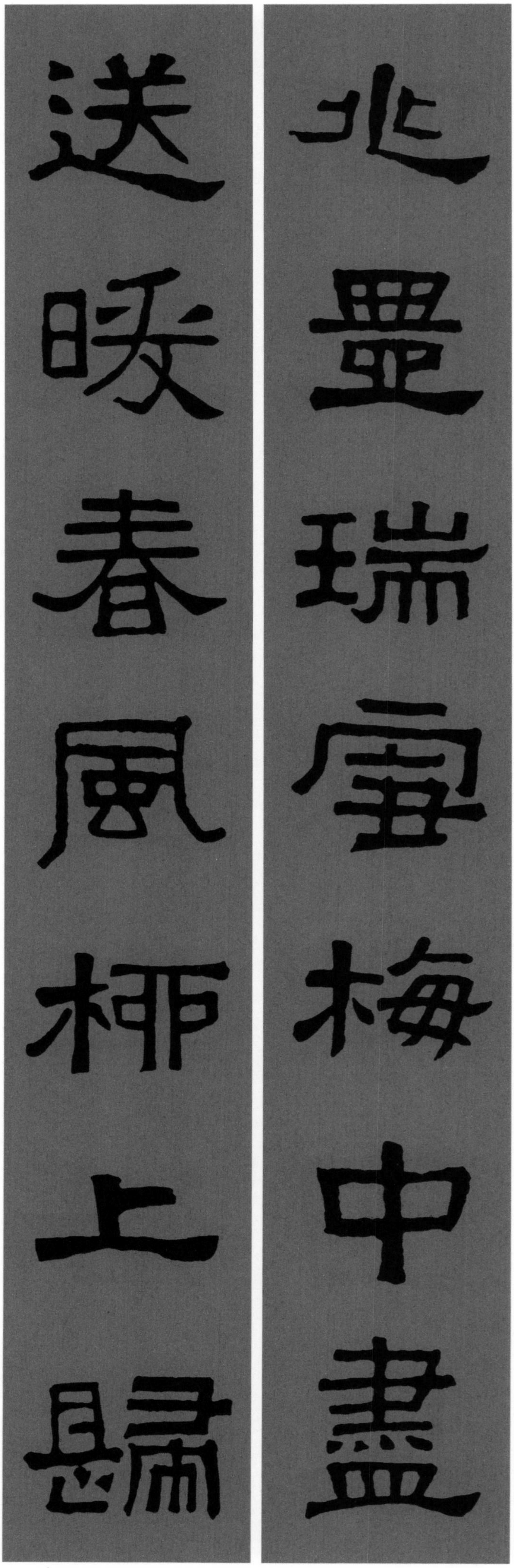

上联—兆丰瑞雪梅中尽
下联—送暖春风柳上归

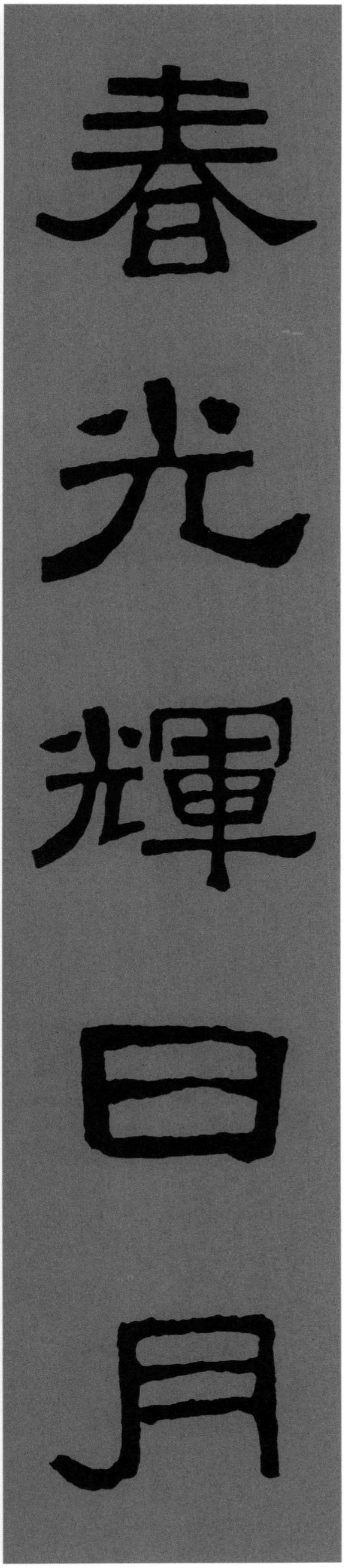

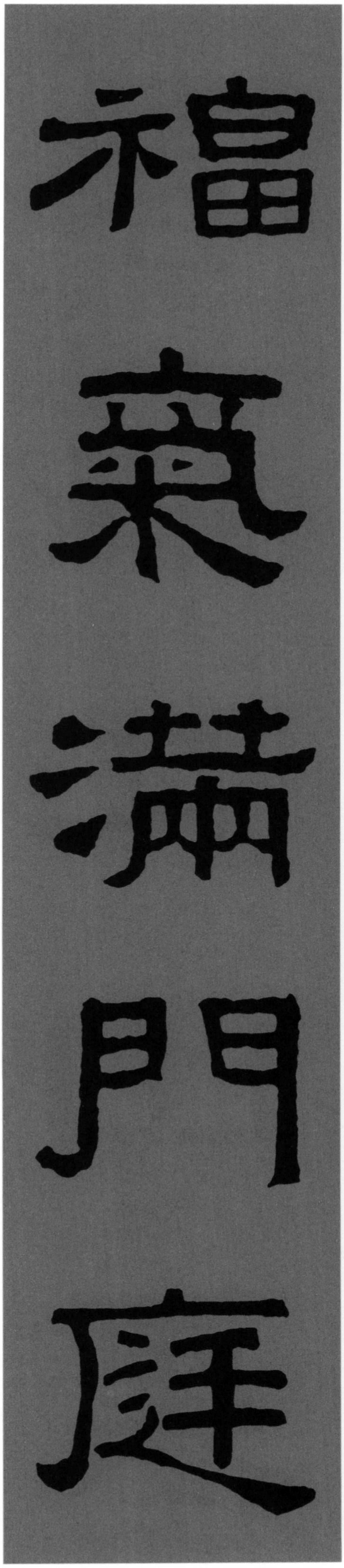

上联—春光辉日月
下联—福气满门庭

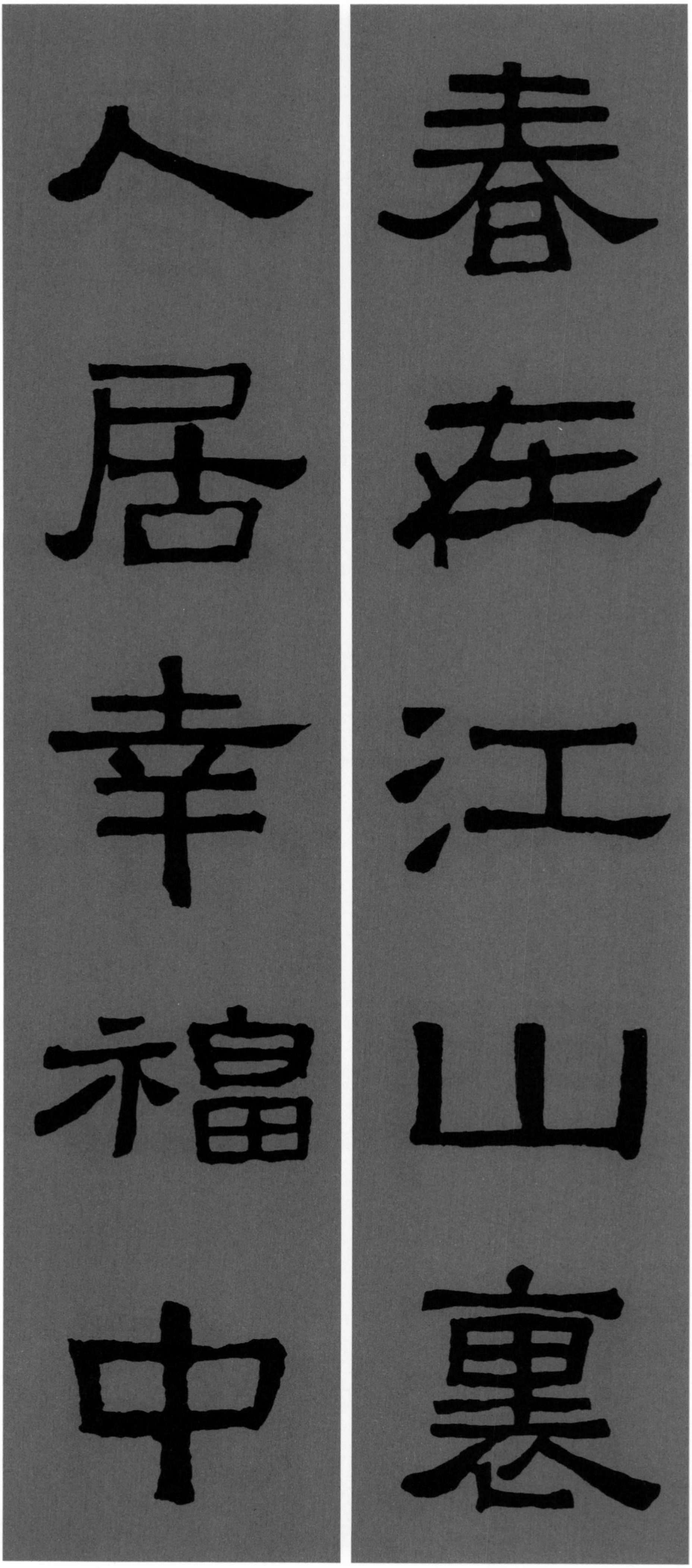

上联—春在江山里
下联—人居幸福中

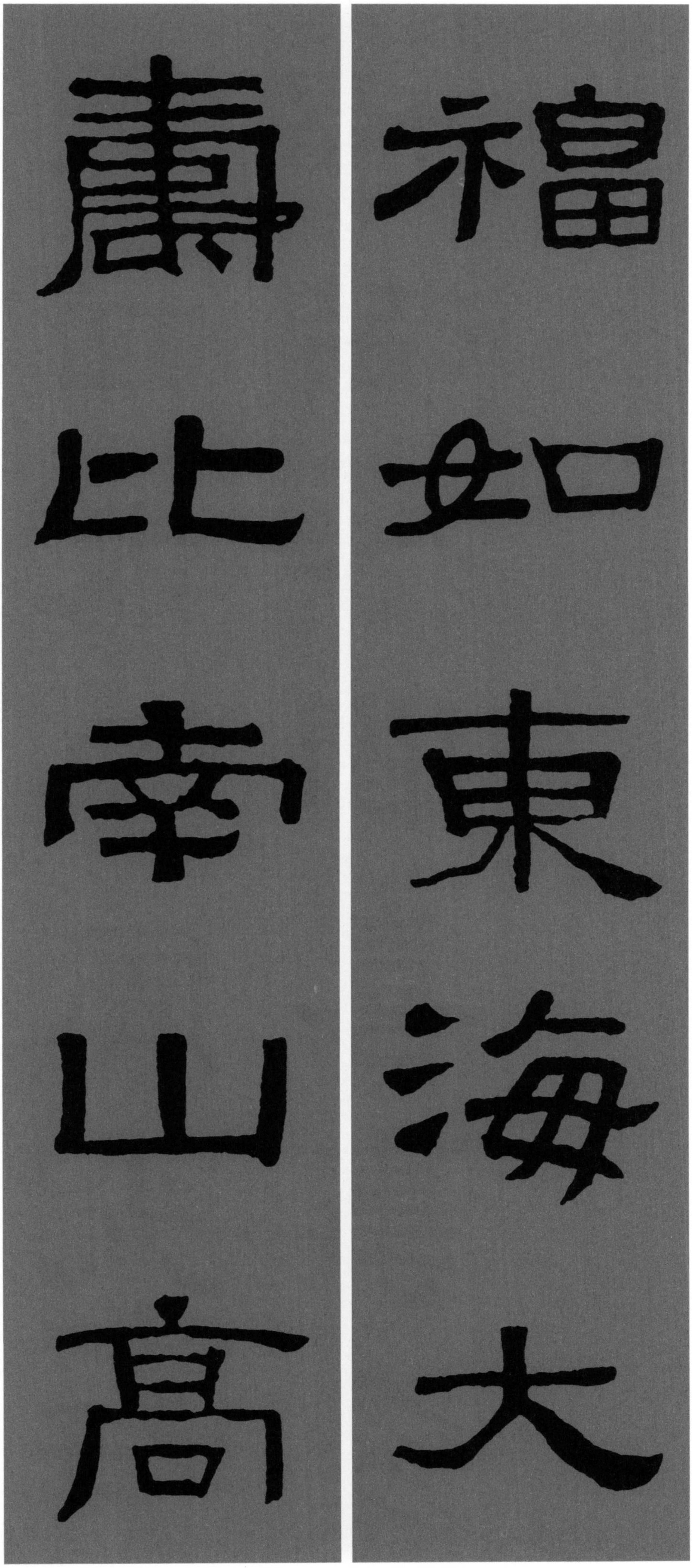

上联— 福如东海大
下联— 寿比南山高

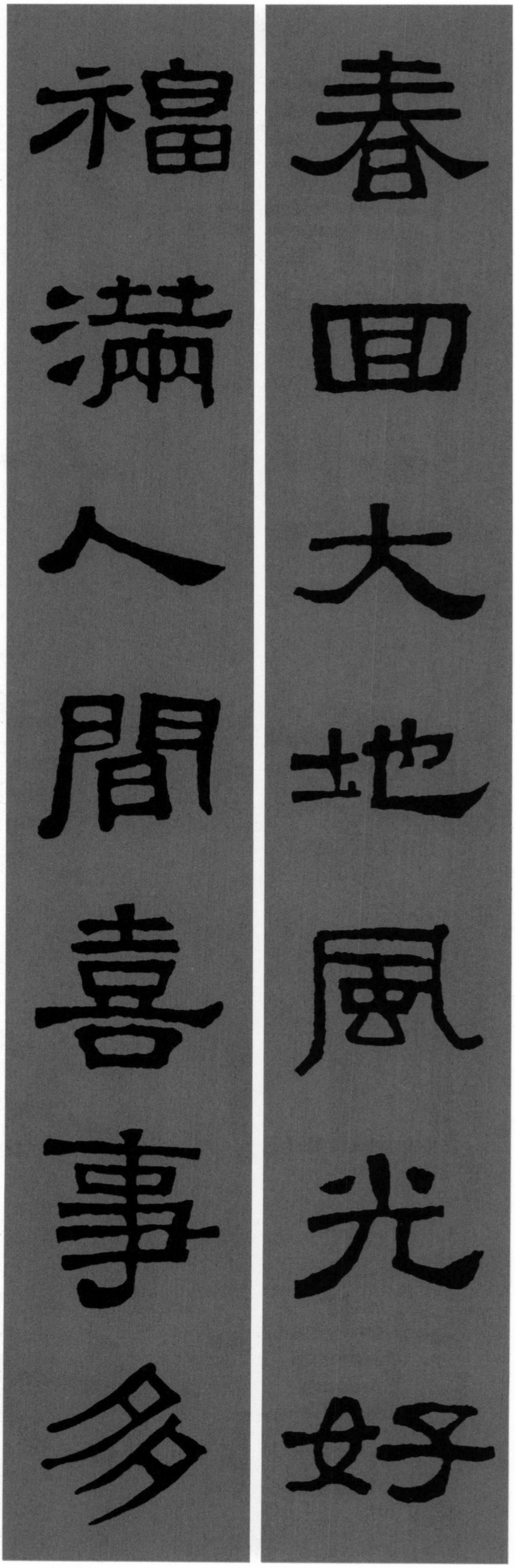

上联—春回大地风光好
下联—福满人间喜事多

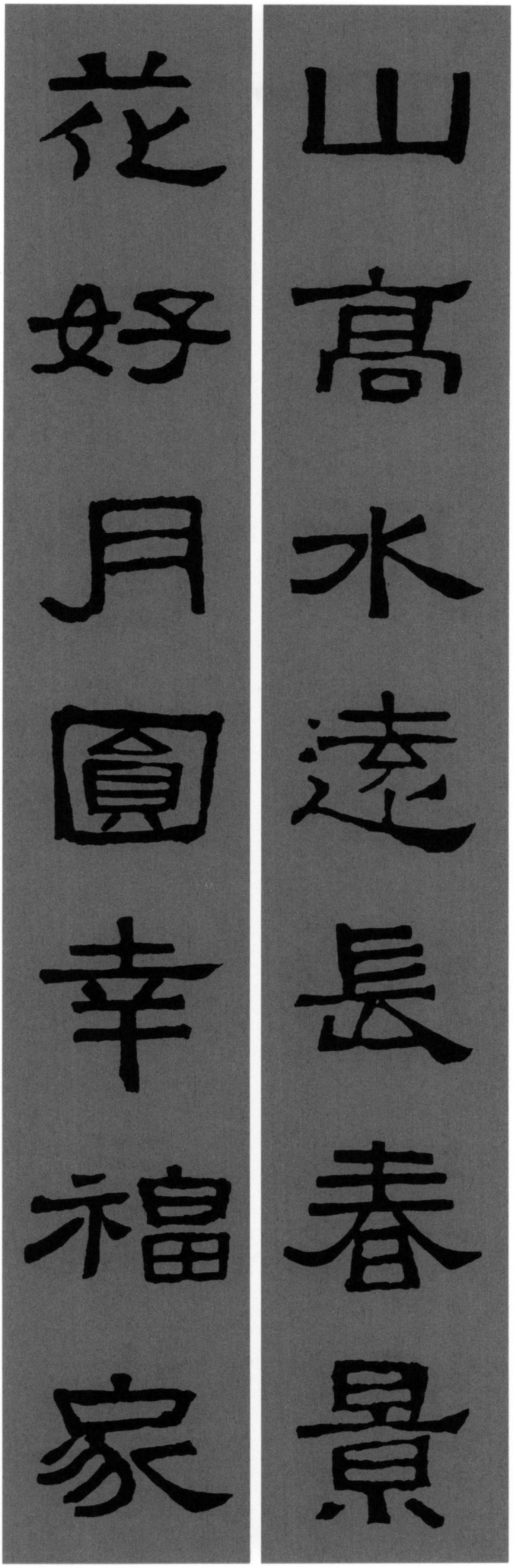

上联——山高水远长春景
下联——花好月圆幸福家

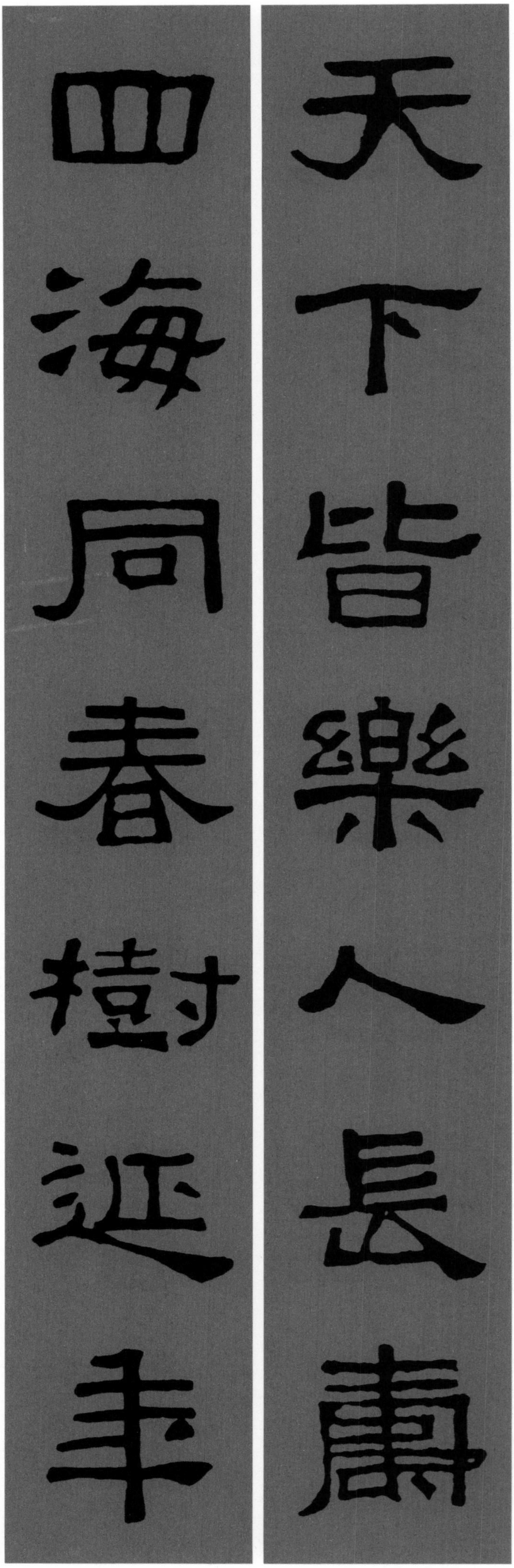

上联—天下皆乐人长寿
下联—四海同春树延年

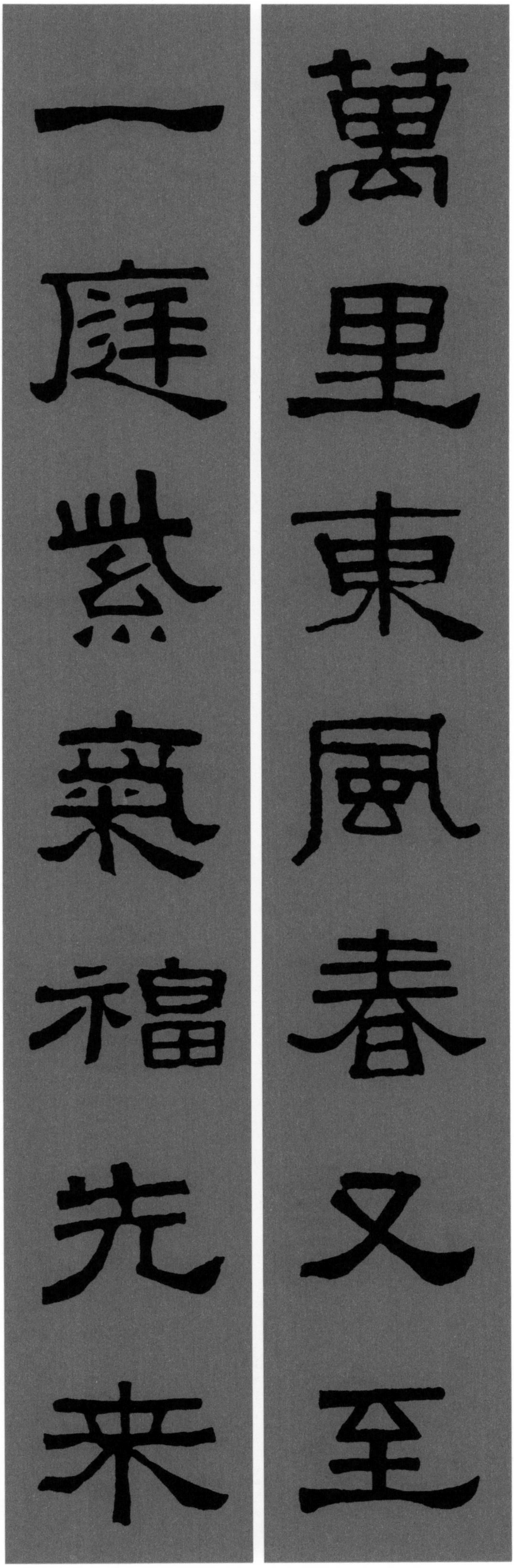
萬里東風春又至
一庭紫氣福先來

上联 — 万里东风春又至
下联 — 一庭紫气福先来

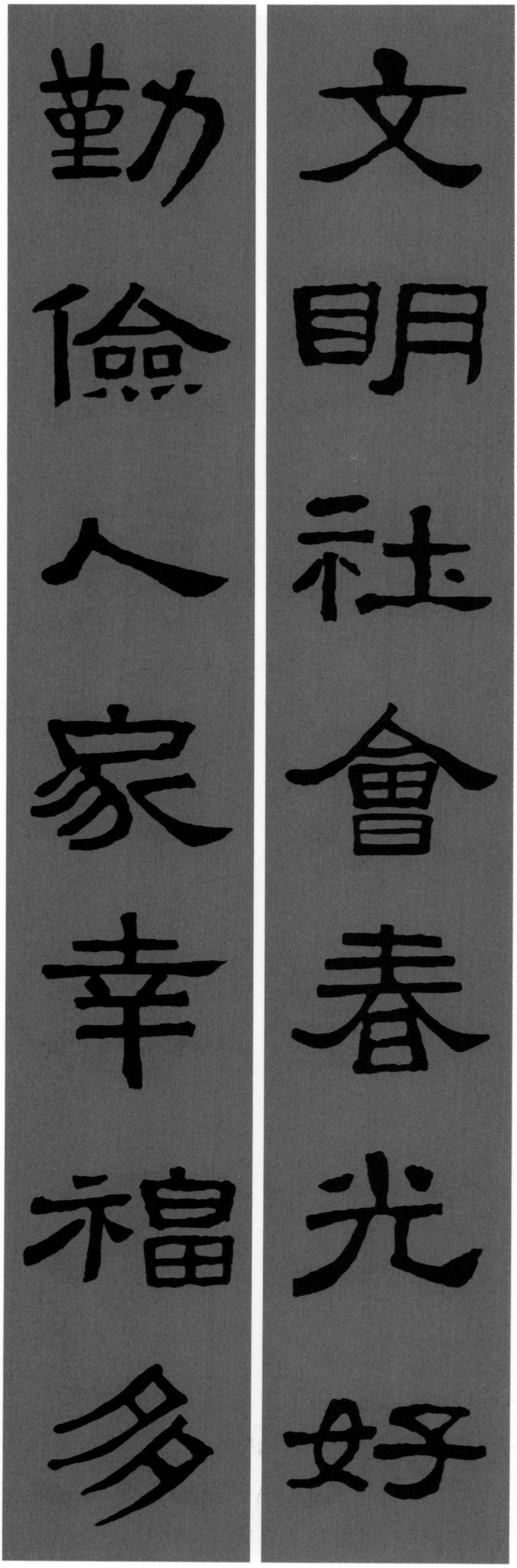
文明社會春光好
勤儉人家幸福多

上联— 文明社会春光好
下联— 勤俭人家幸福多

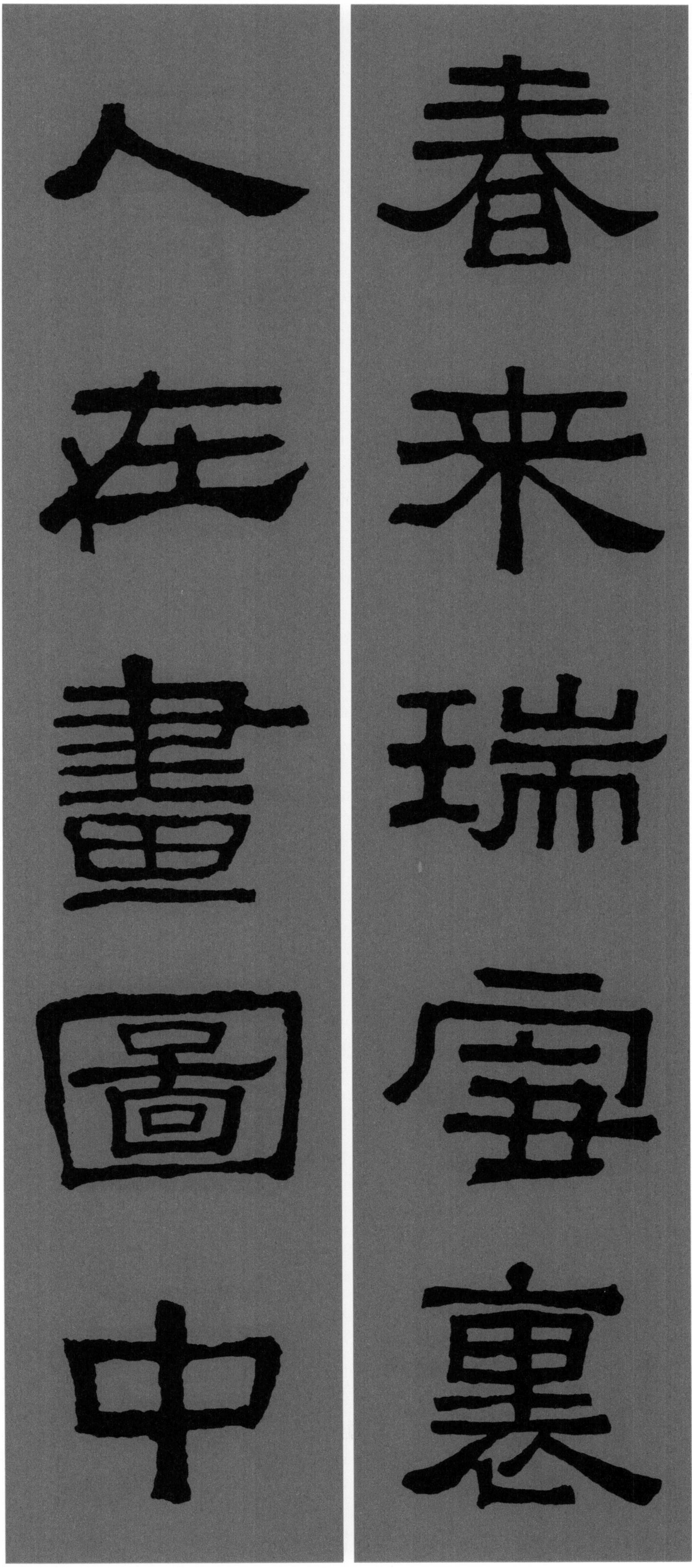

上联—春来瑞雪里
下联—人在画图中

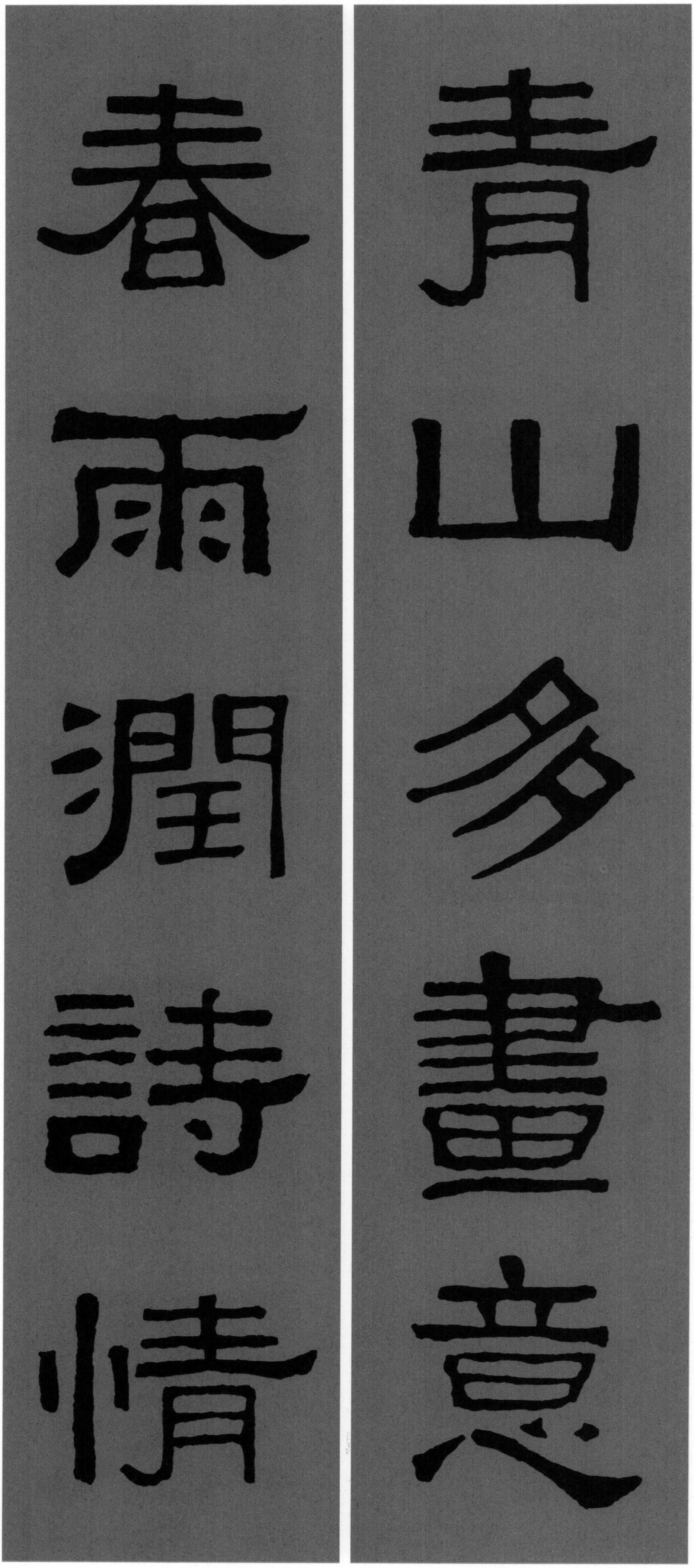

上联—青山多画意
下联—春雨润诗情

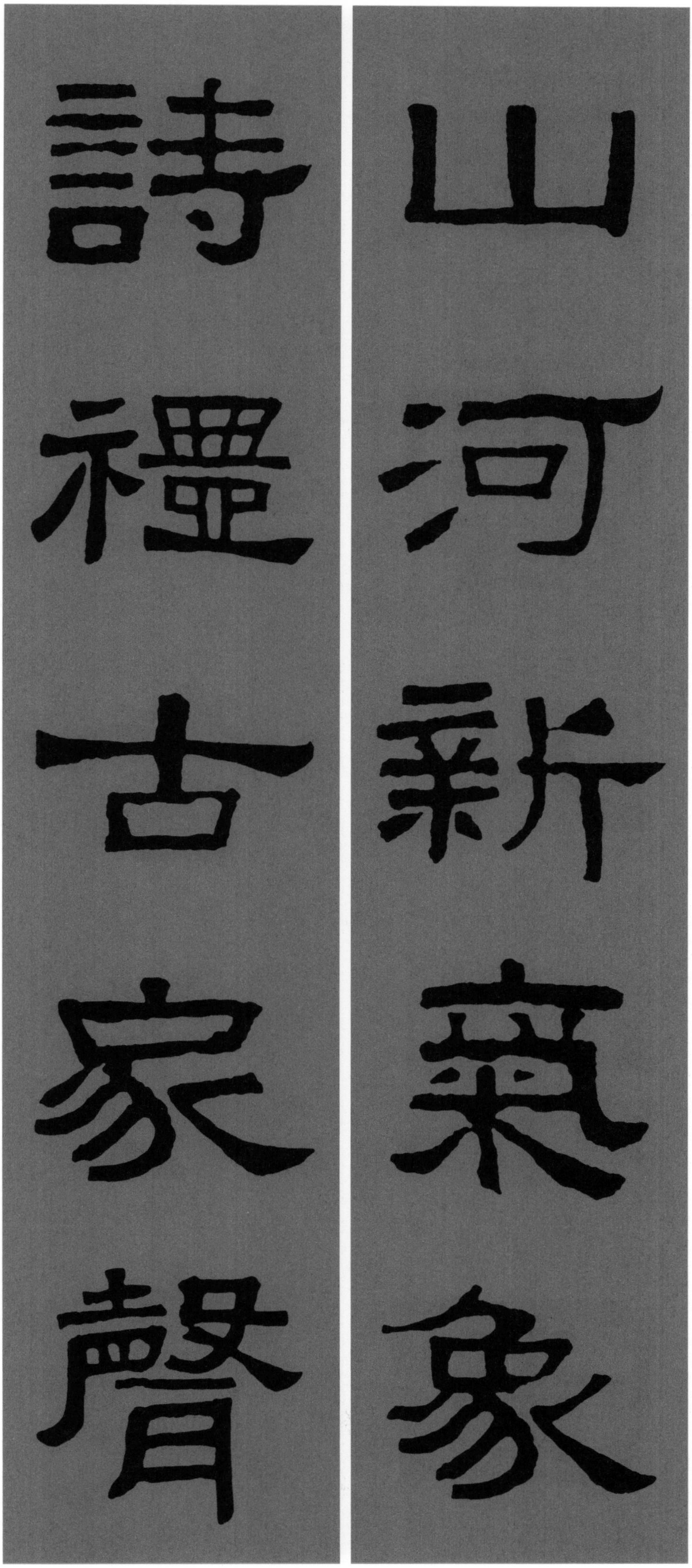

上联—山河新气象
下联—诗礼古家声

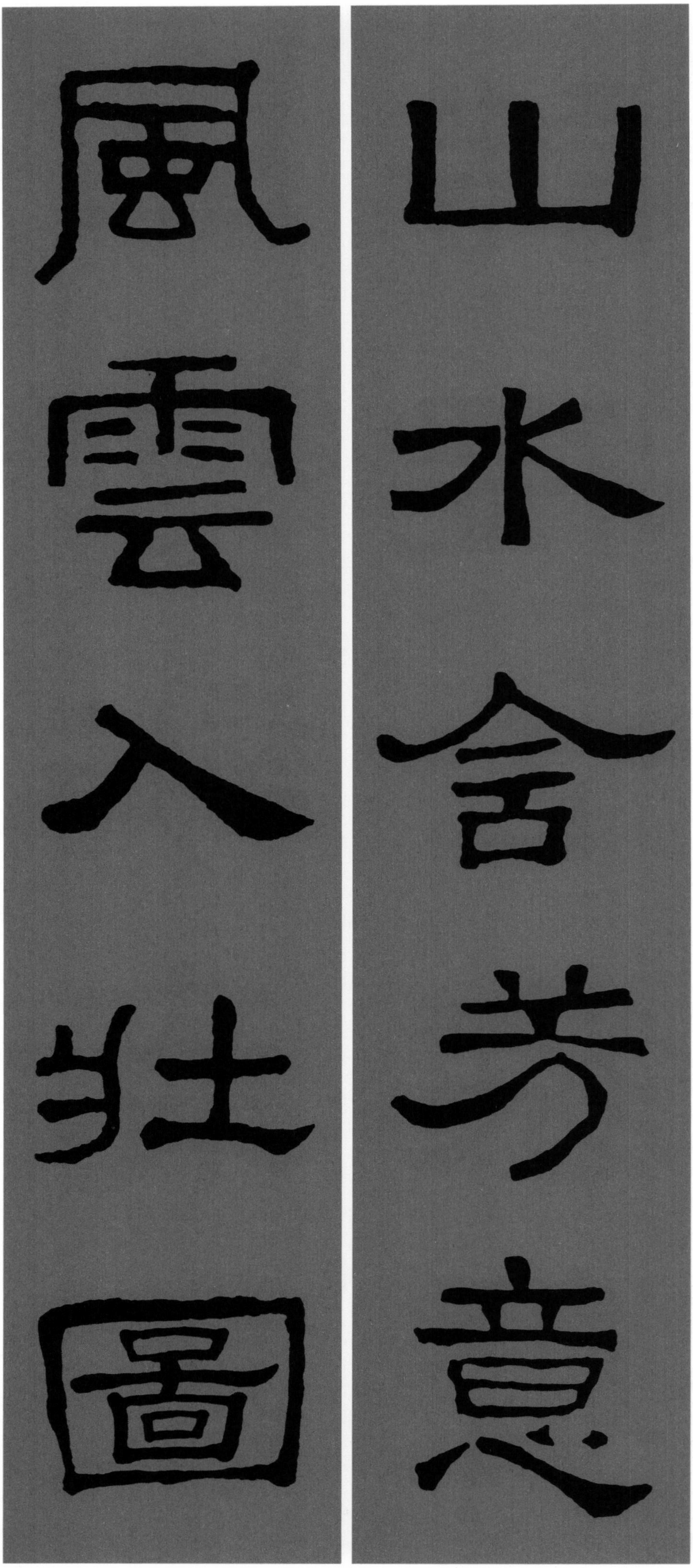

上联—山水含芳意
下联—风云入壮图

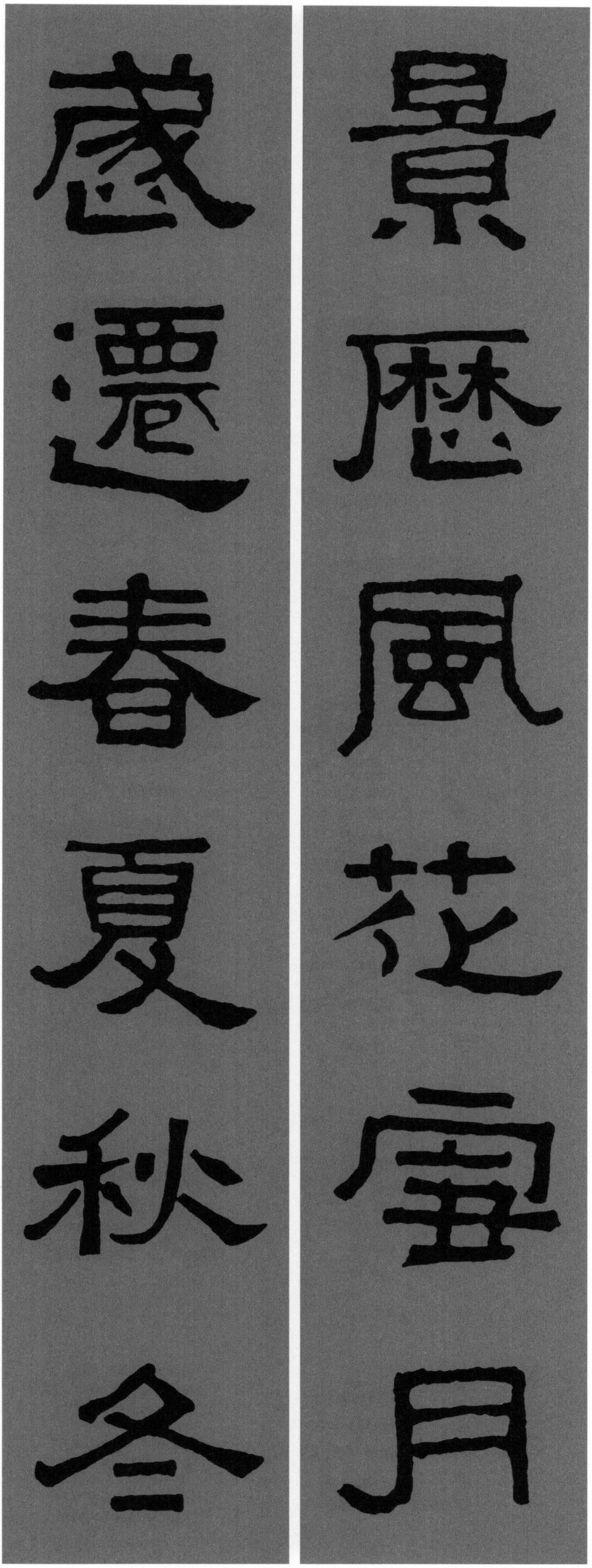

上联—景历风花雪月
下联—岁迁春夏秋冬

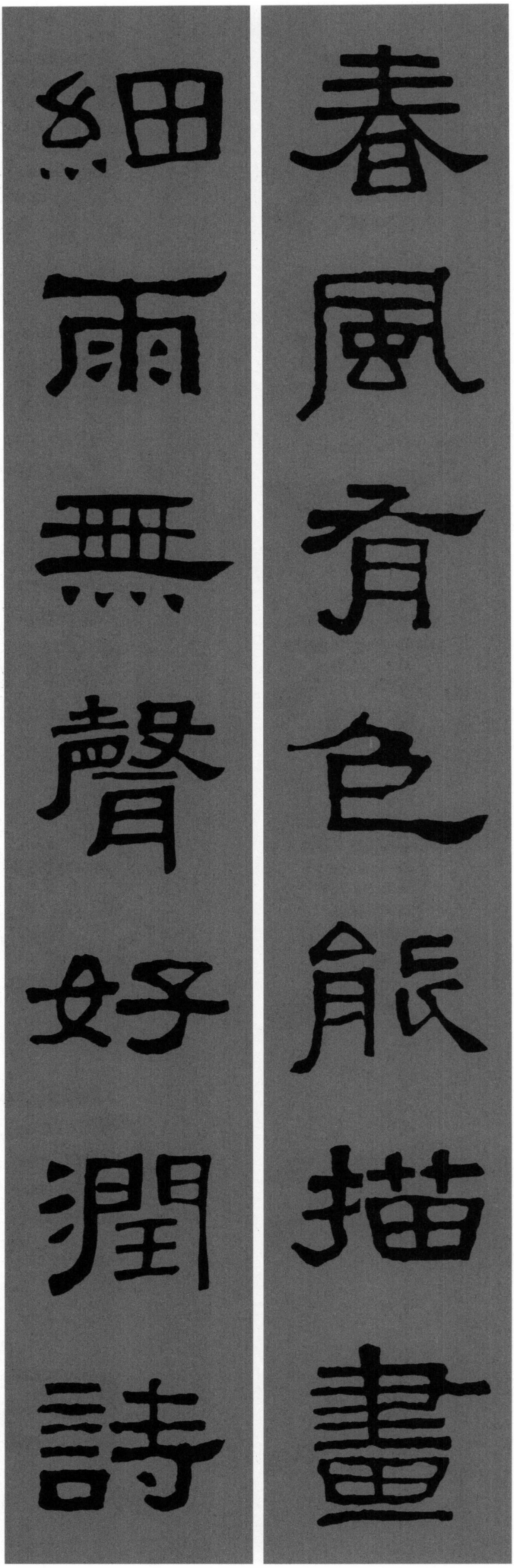
春風有色能描畫
細雨無聲好潤詩

上联—春风有色能描画
下联—细雨无声好润诗

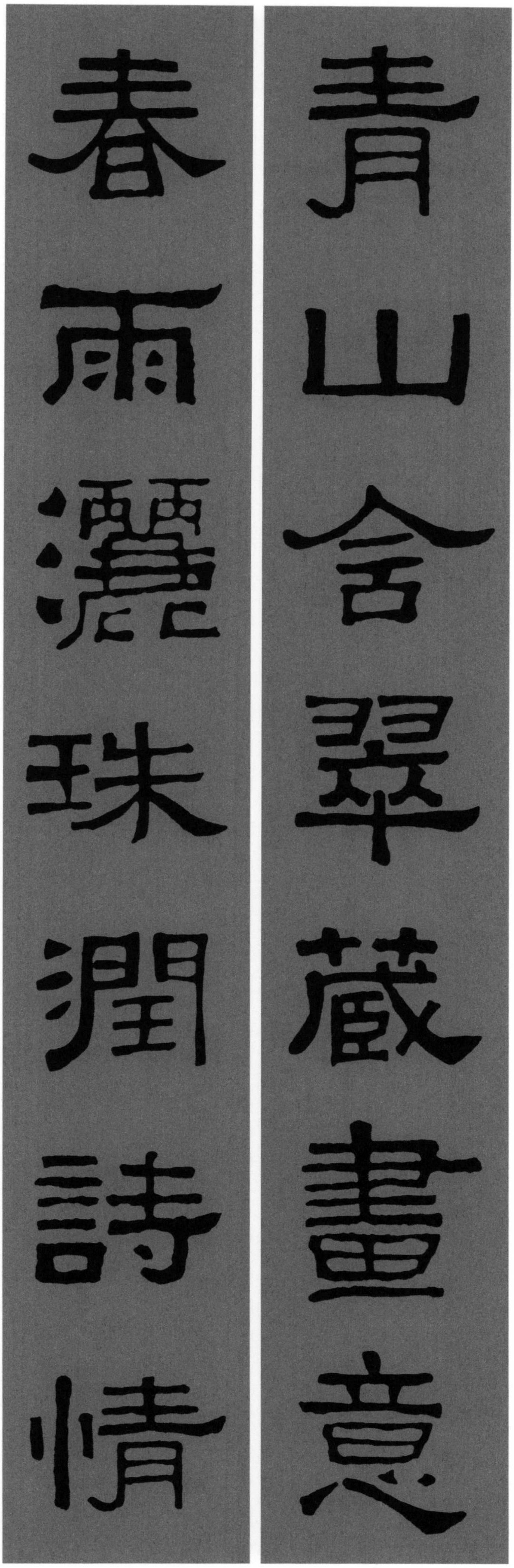

上联 — 青山含翠藏画意
下联 — 春雨洒珠润诗情

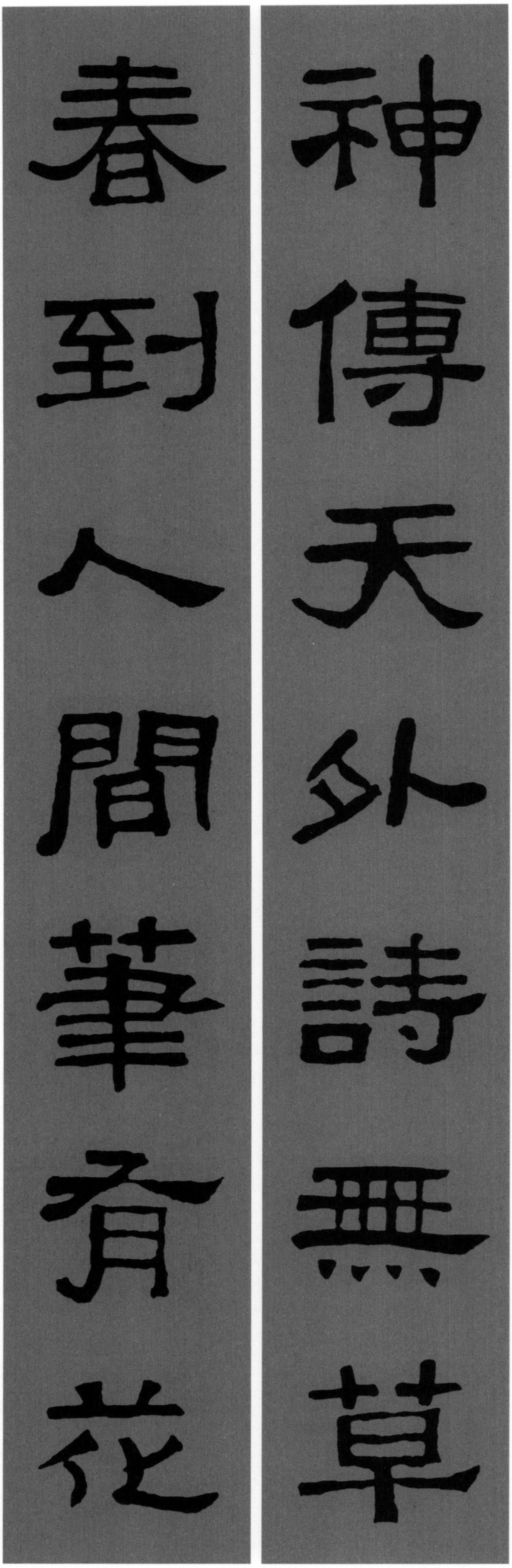
神傳天外詩無草
春到人間筆有花

上联 神传天外诗无草
下联 春到人间笔有花

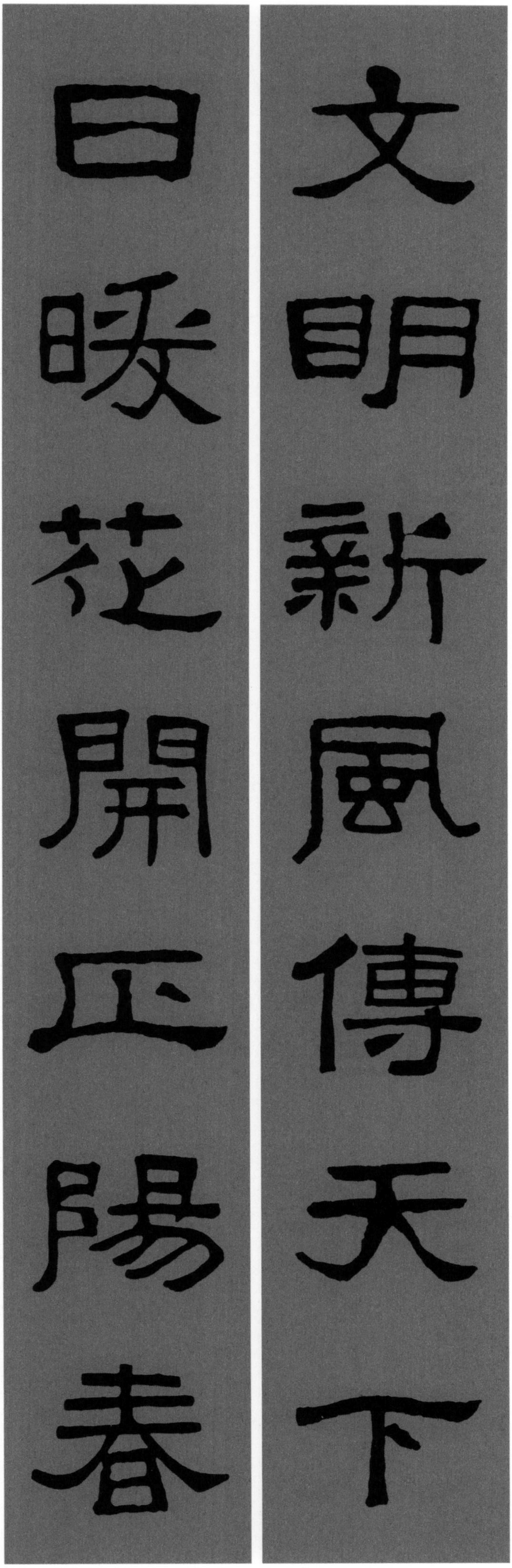

上联 一 文明新风传天下
下联 一 日暖花开正阳春

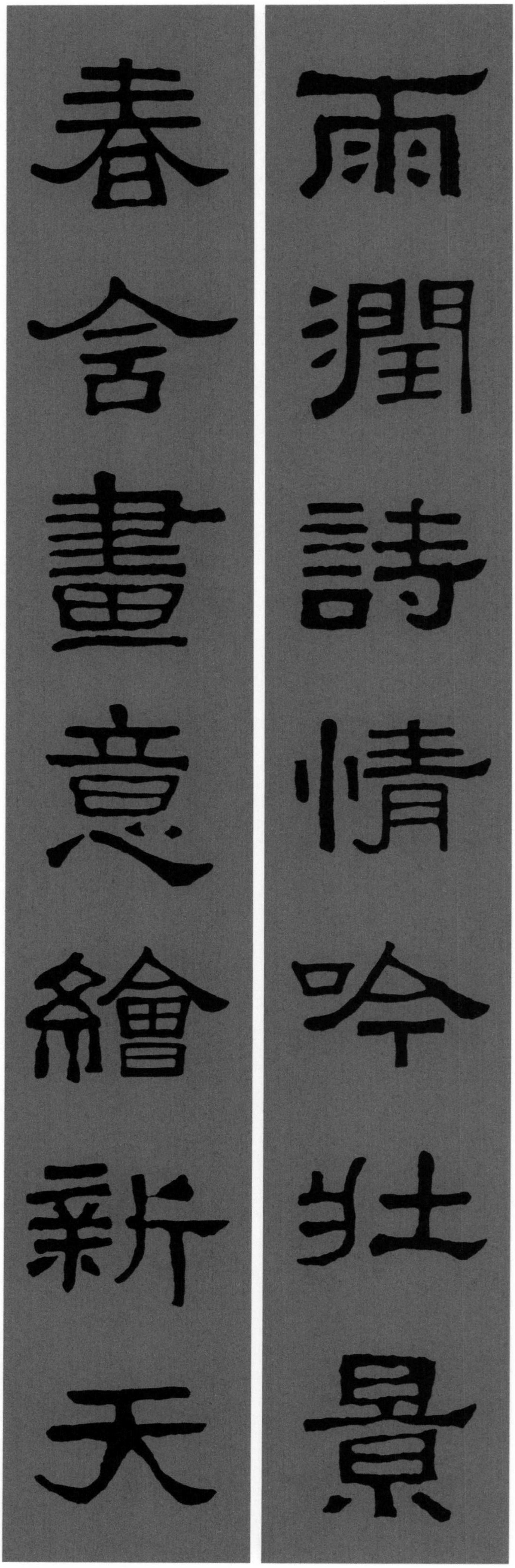

上联　雨润诗情吟壮景
下联　春含画意绘新天

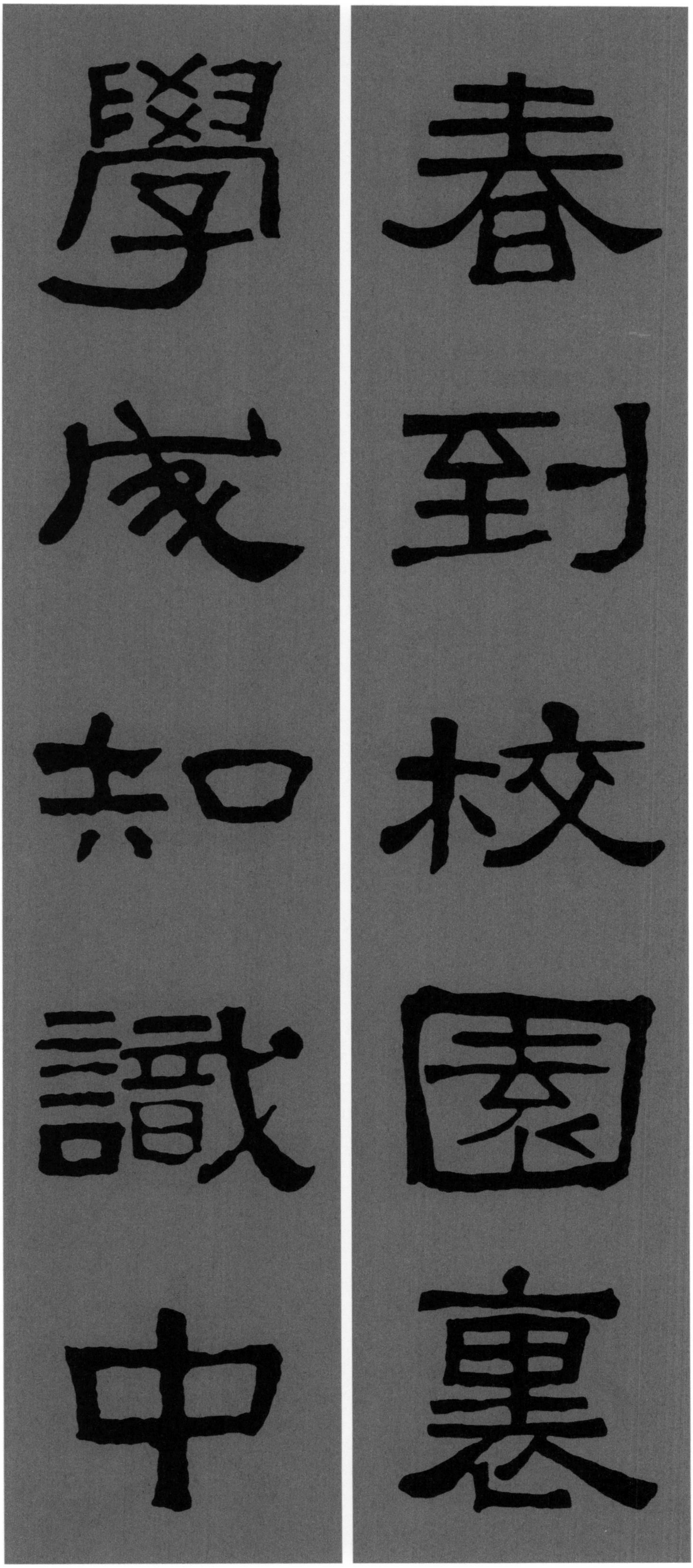

上联—春到校园里
下联—学成知识中

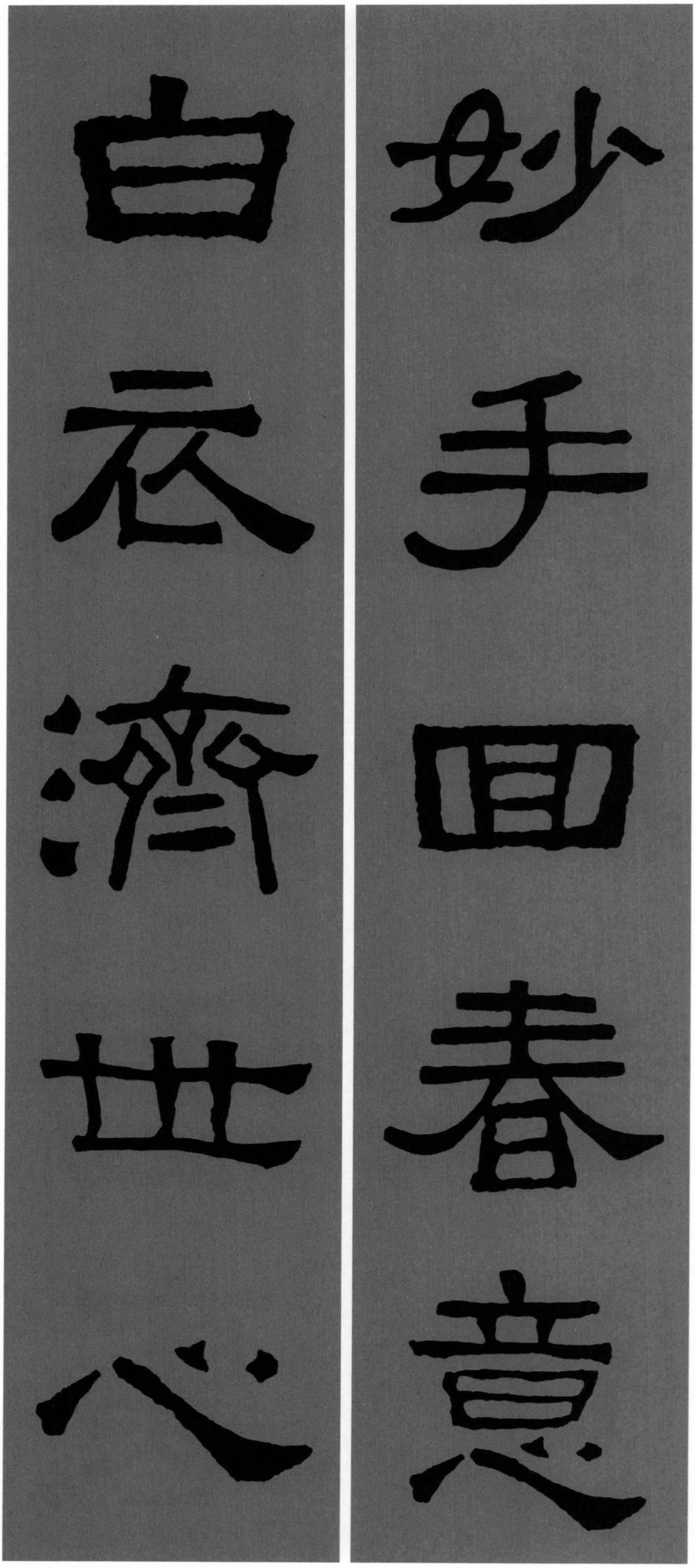

上联—妙手回春意
下联—白衣济世心

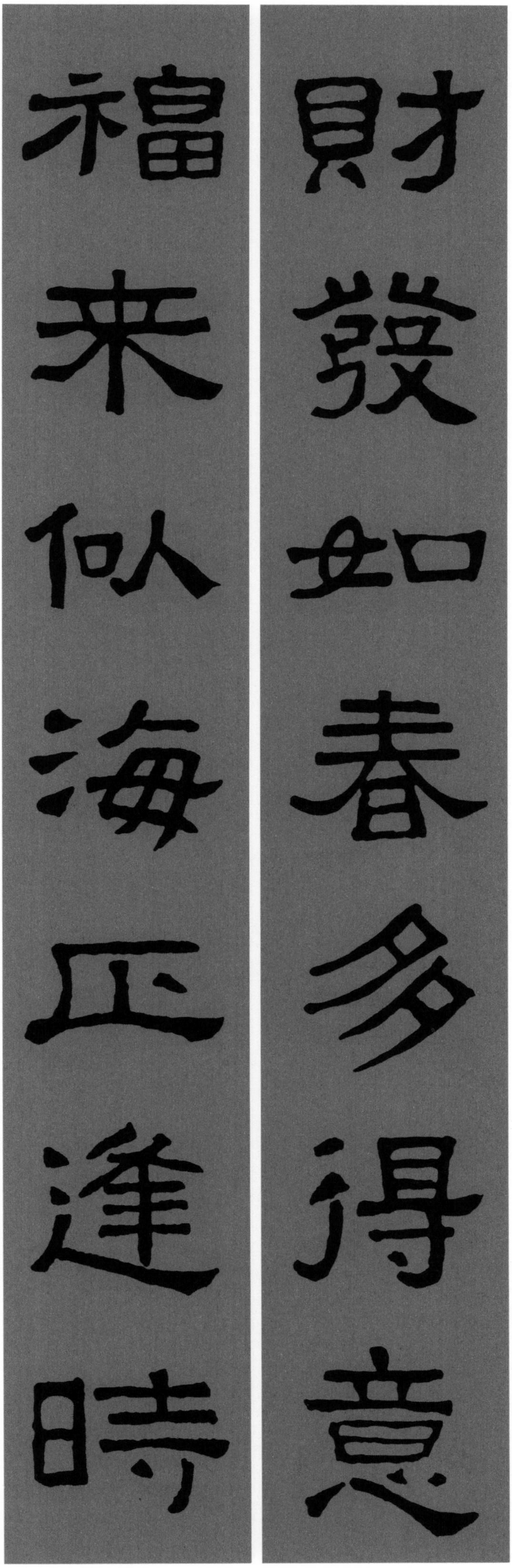

上联— 财发如春多得意
下联— 福来似海正逢时

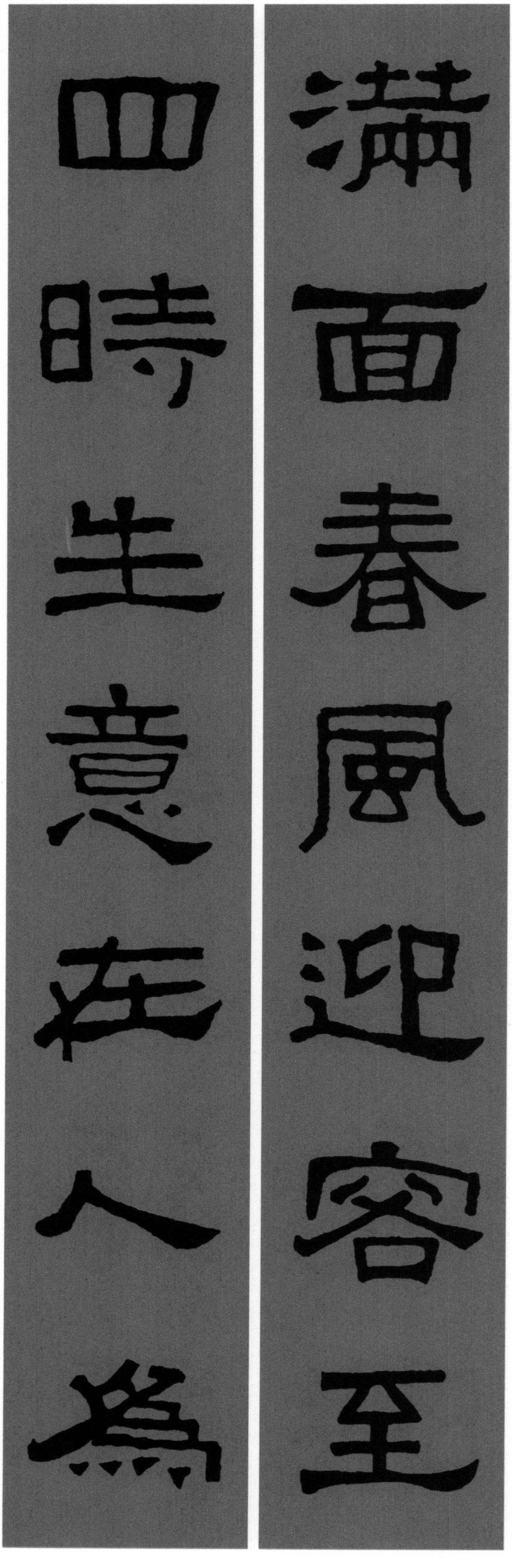

上联：满面春风迎客至
下联：四时生意在人为

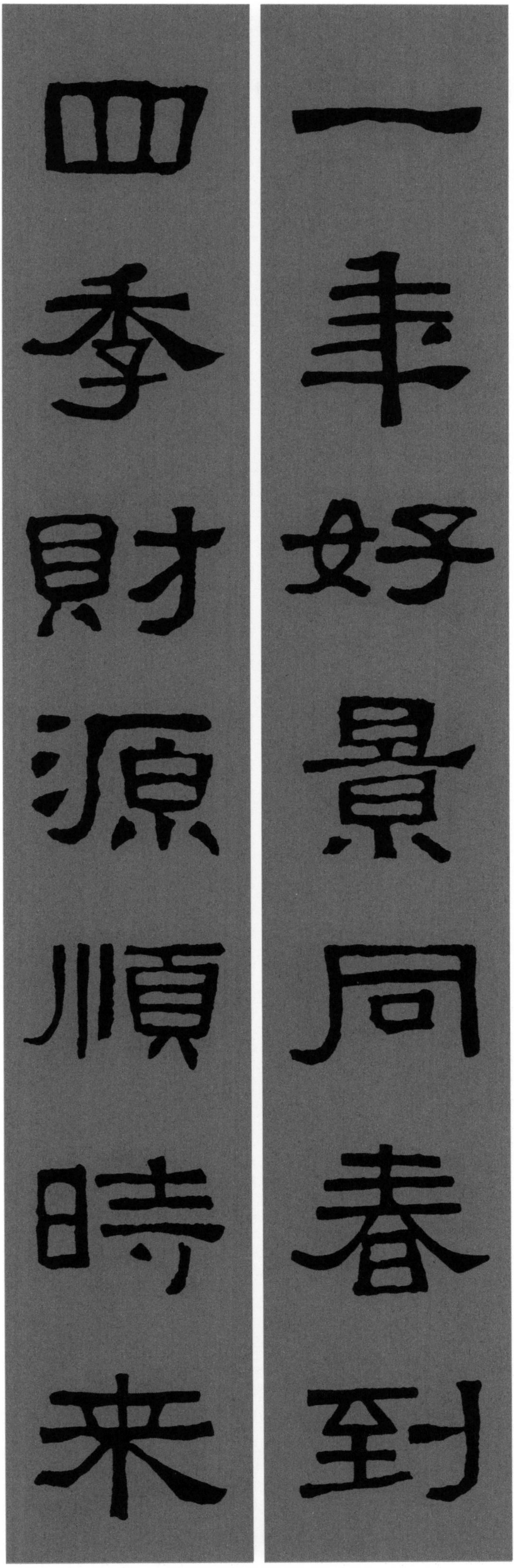

上联 一年好景同春到
下联 四季财源顺时来

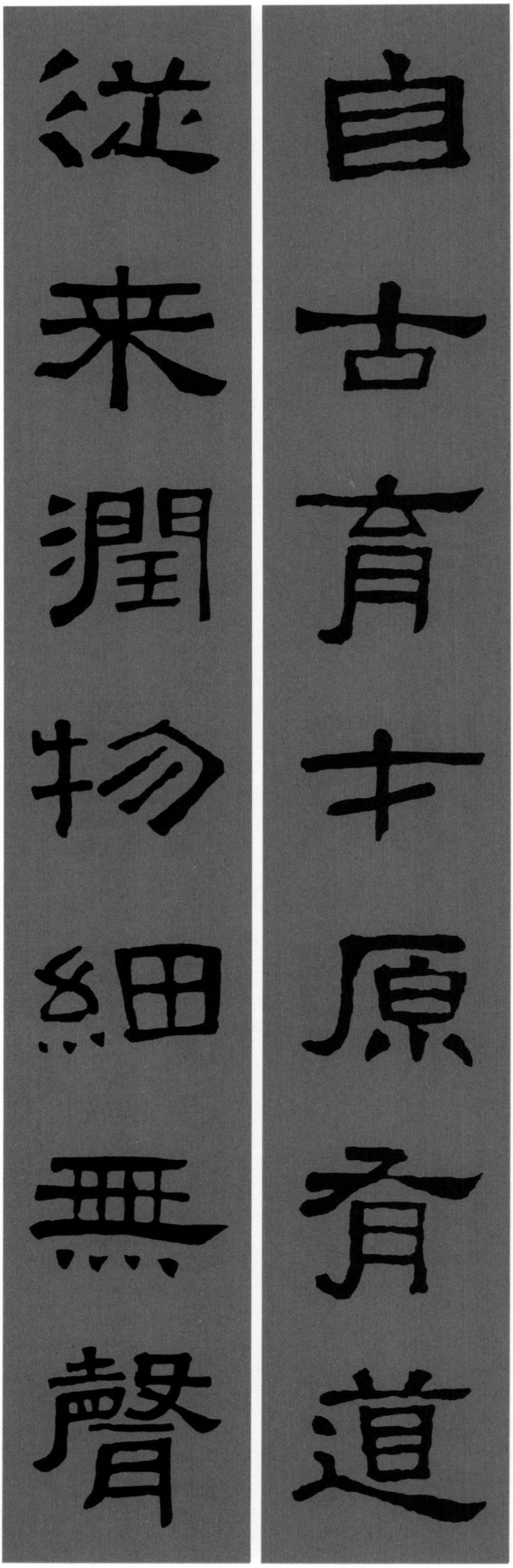

上联—自古育才原有道
下联—从来润物细无声

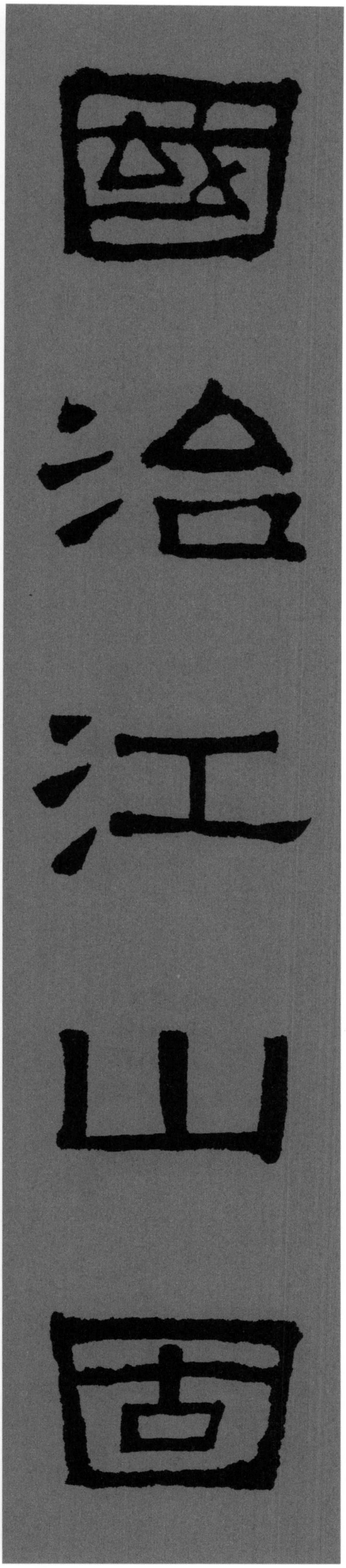

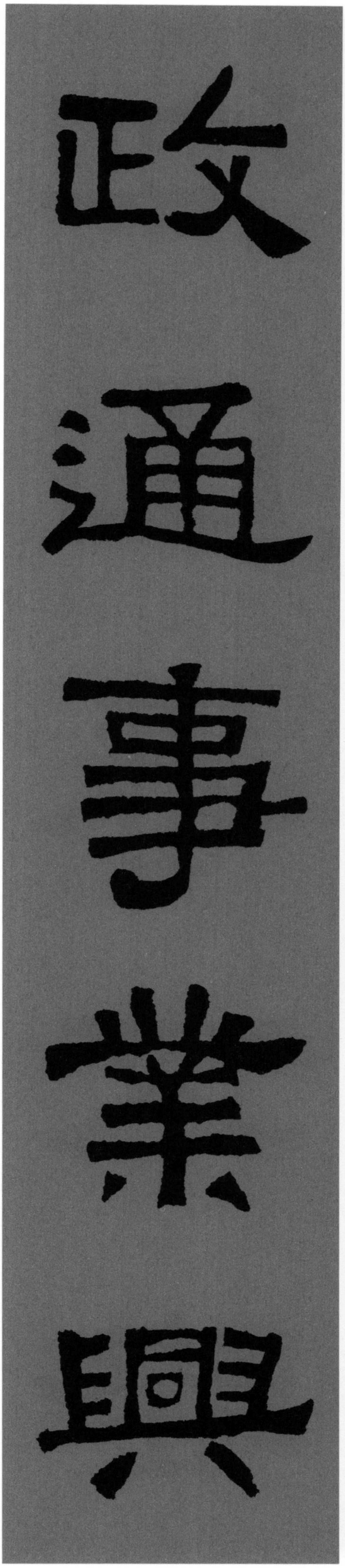

上联 — 国治江山固
下联 — 政通事业兴

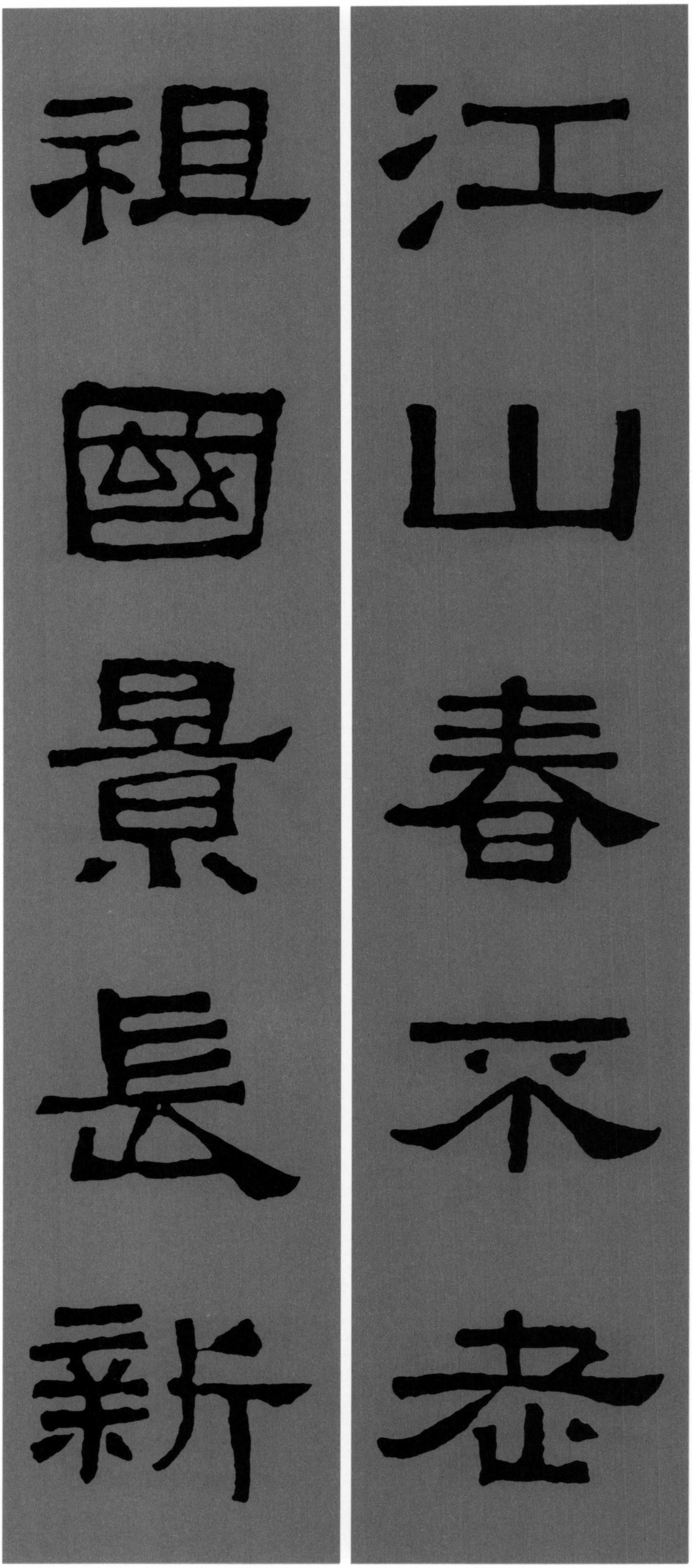

上联—江山春不老
下联—祖国景长新

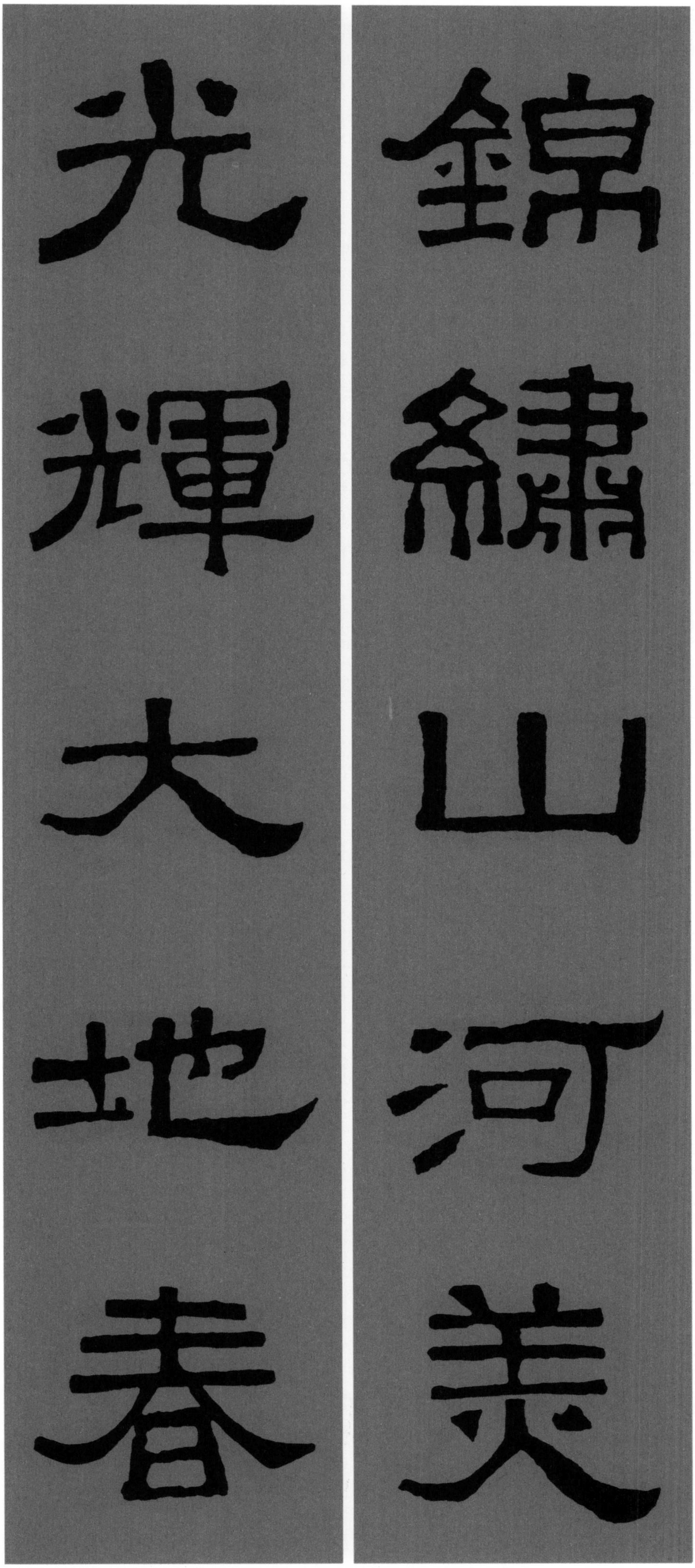

上联 — 锦绣山河美
下联 — 光辉大地春

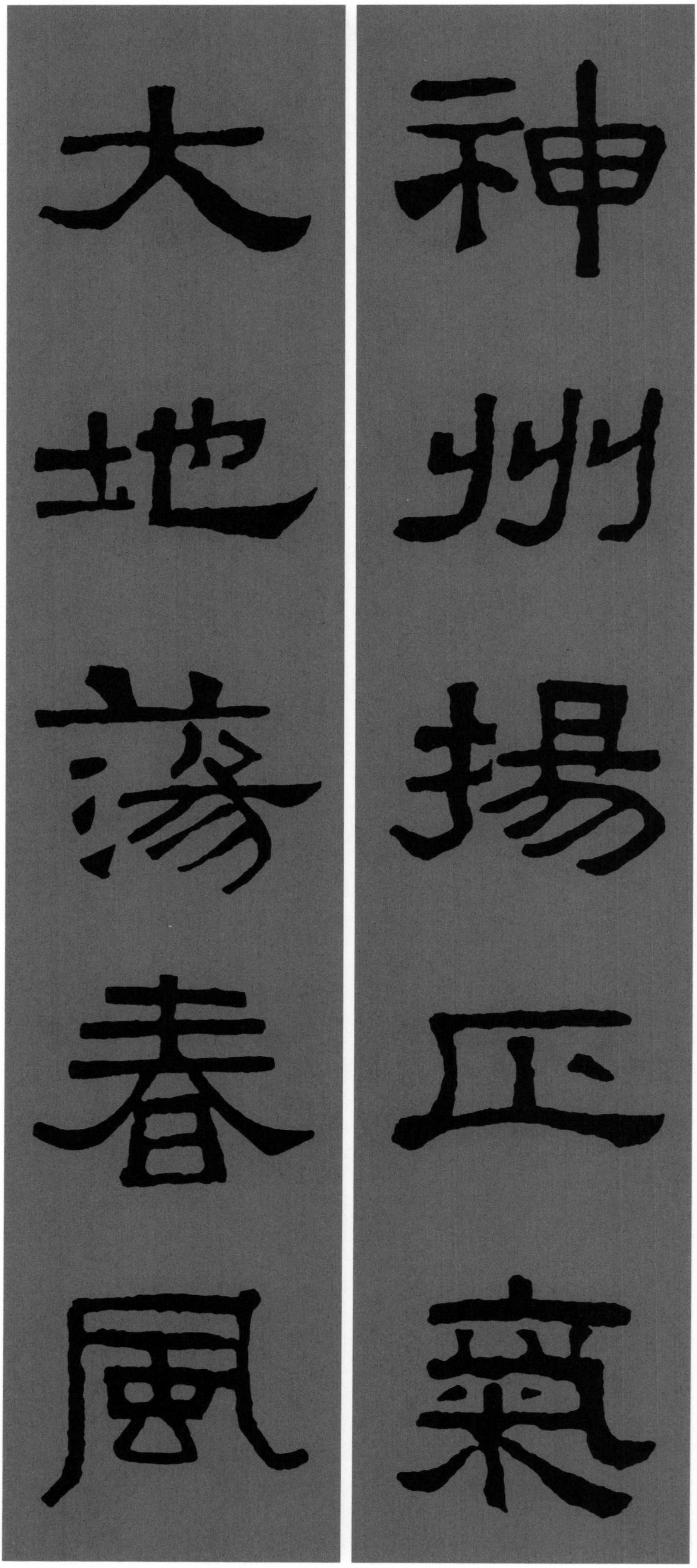

上联—神州扬正气
下联—大地荡春风

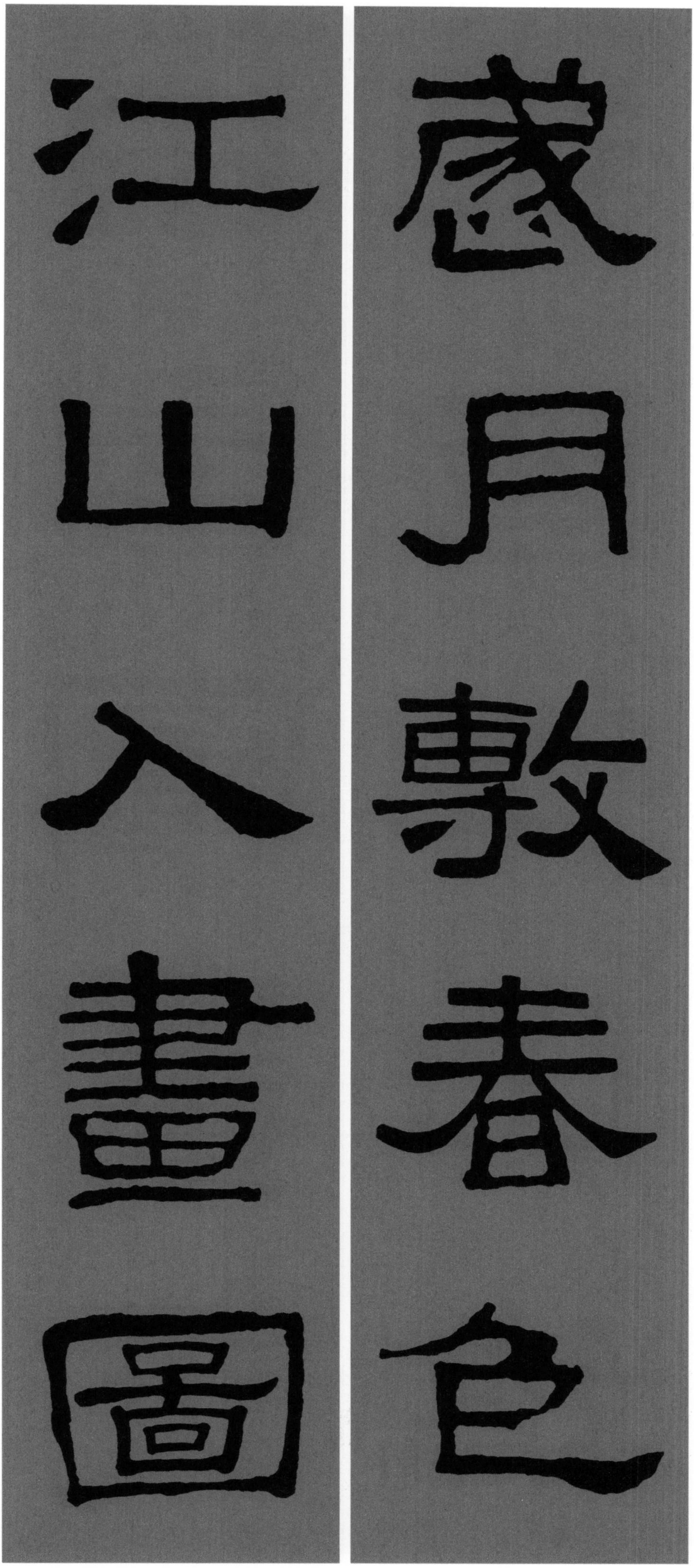

上联 — 岁月敷春色
下联 — 江山入画图

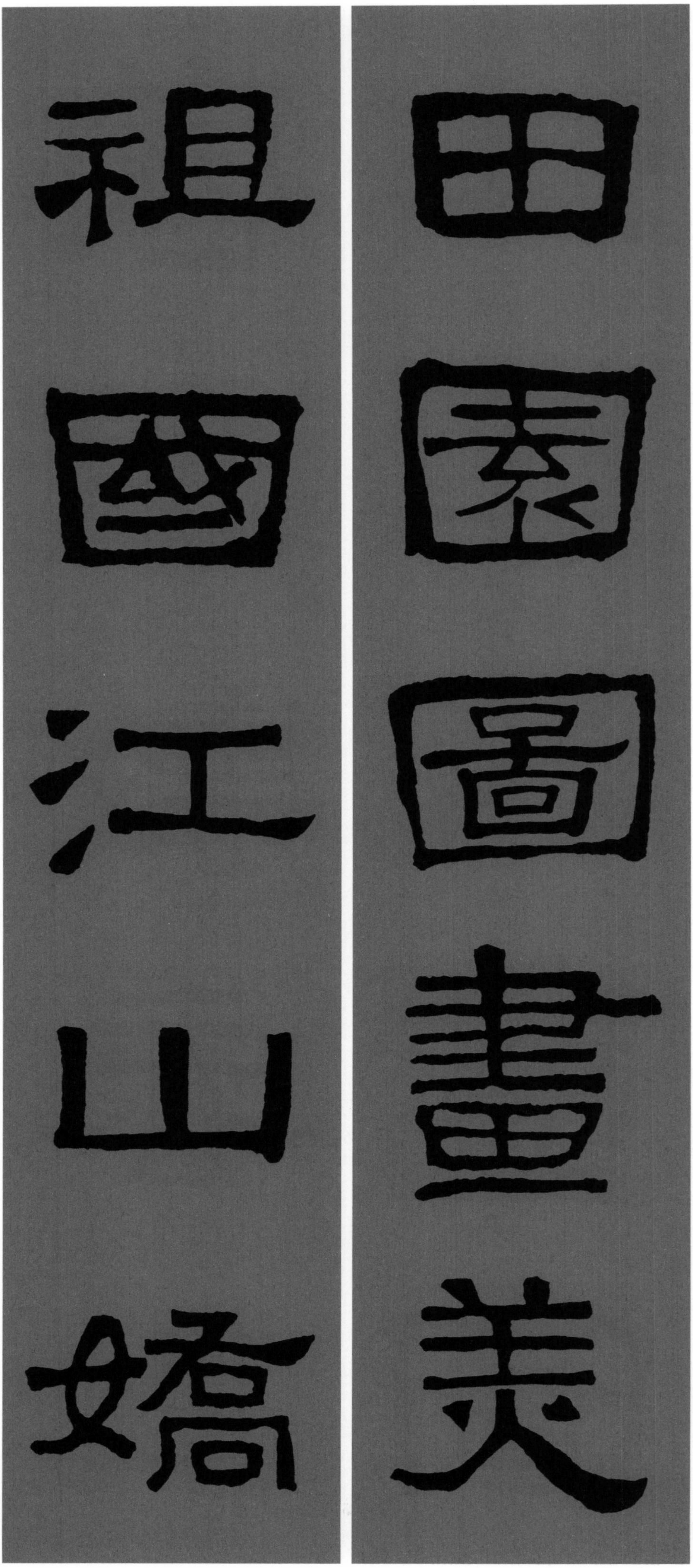

上联—田园图画美
下联—祖国江山娇

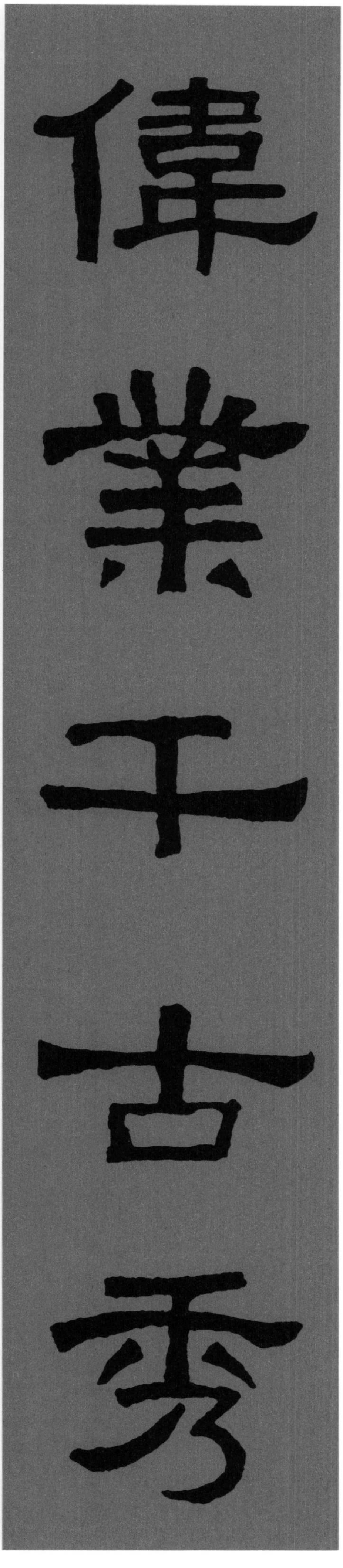

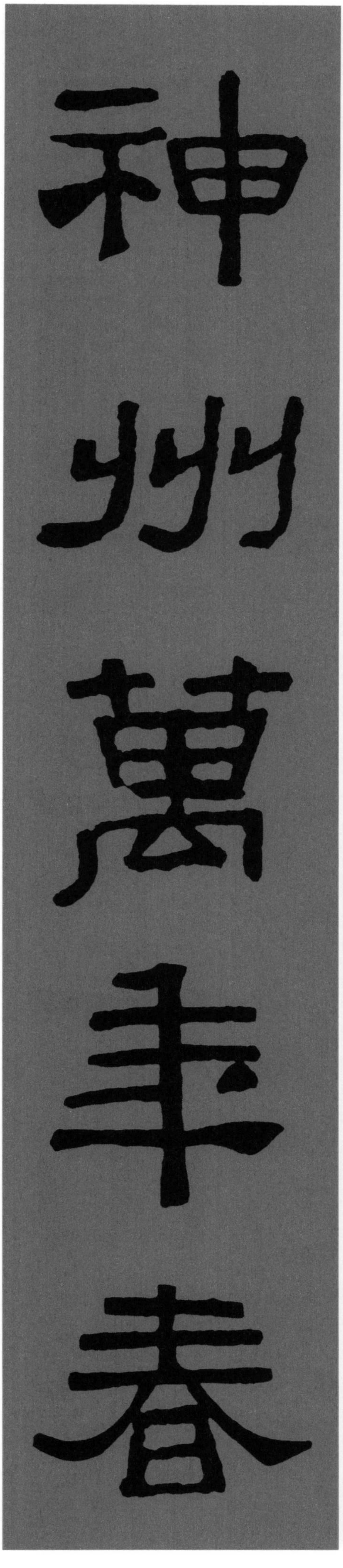

上联一伟业千古秀
下联一神州万年春

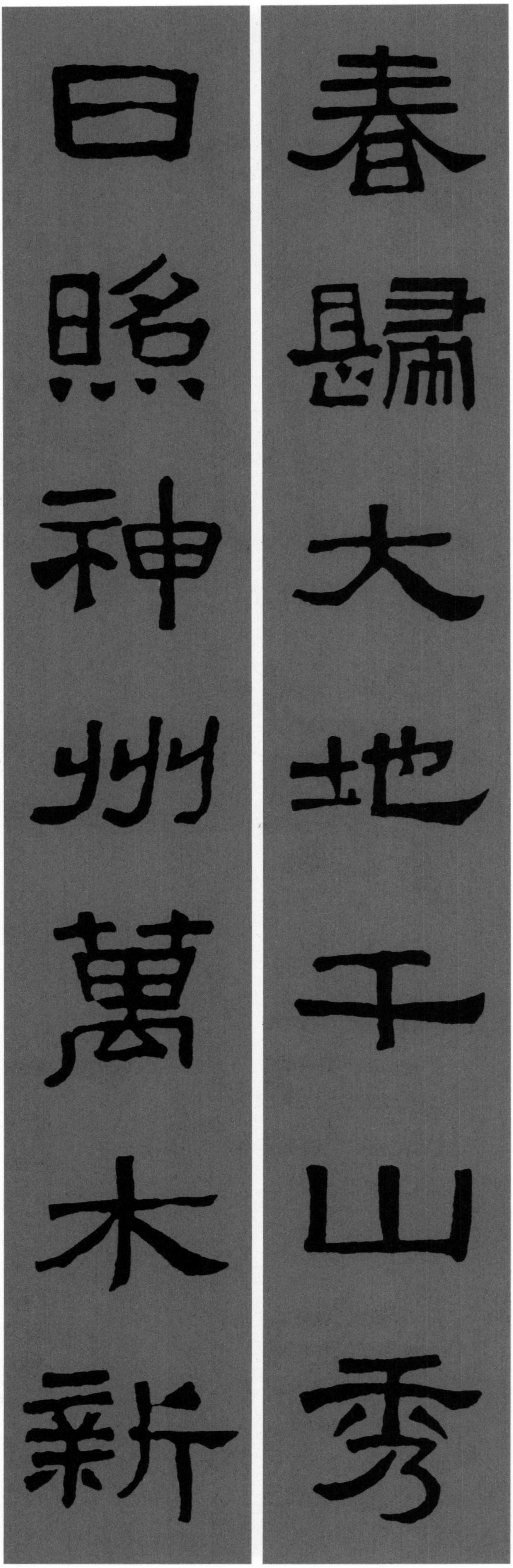

上联一春归大地千山秀
下联一日照神州万木新

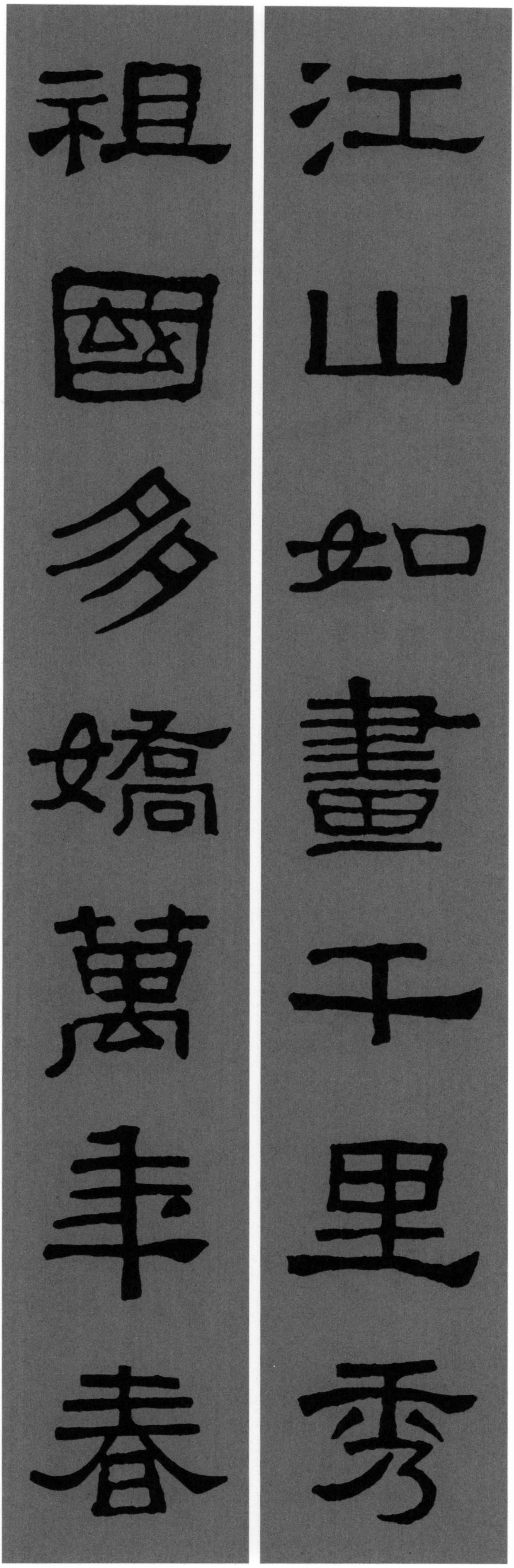

上联—江山如画千里秀
下联—祖国多娇万年春

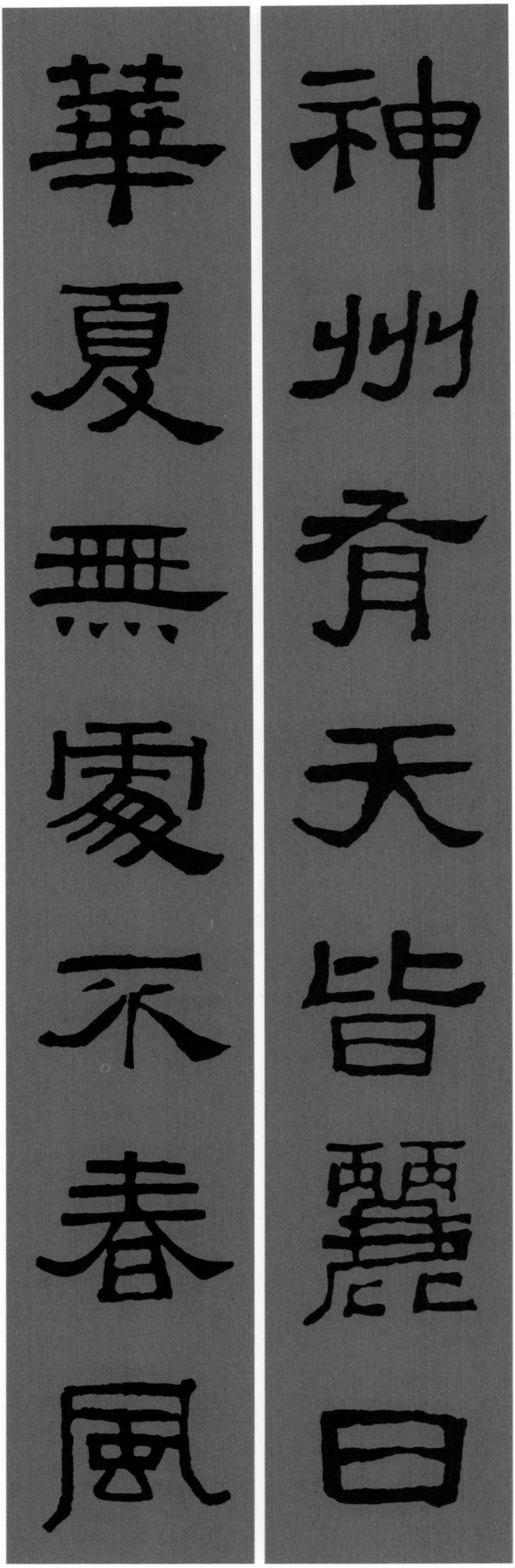
神州有天皆麗日
華夏無處不春風

上联—神州有天皆丽日
下联—华夏无处不春风

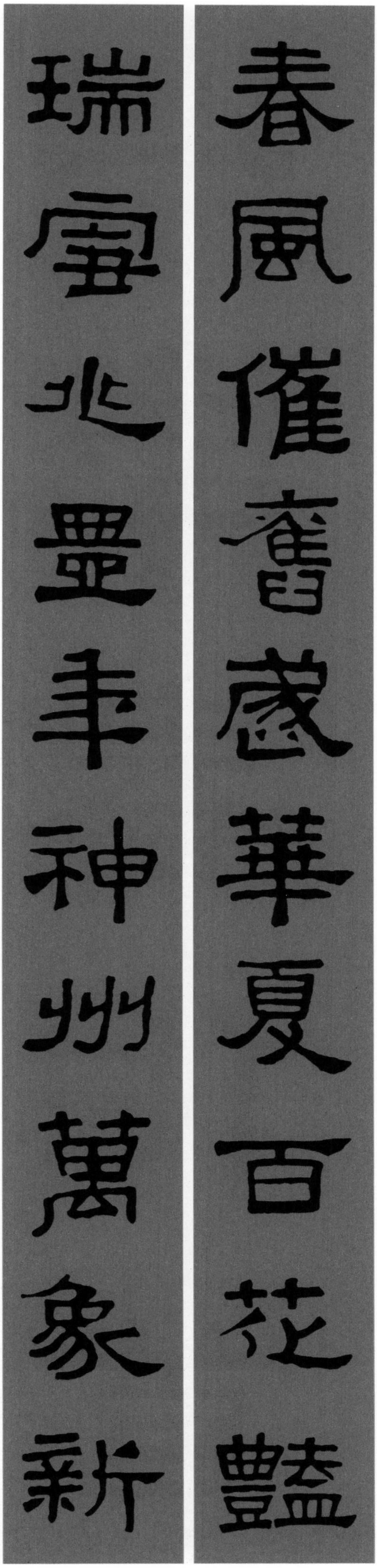

上联 — 春风催旧岁华夏百花艳
下联 — 瑞雪兆丰年神州万象新

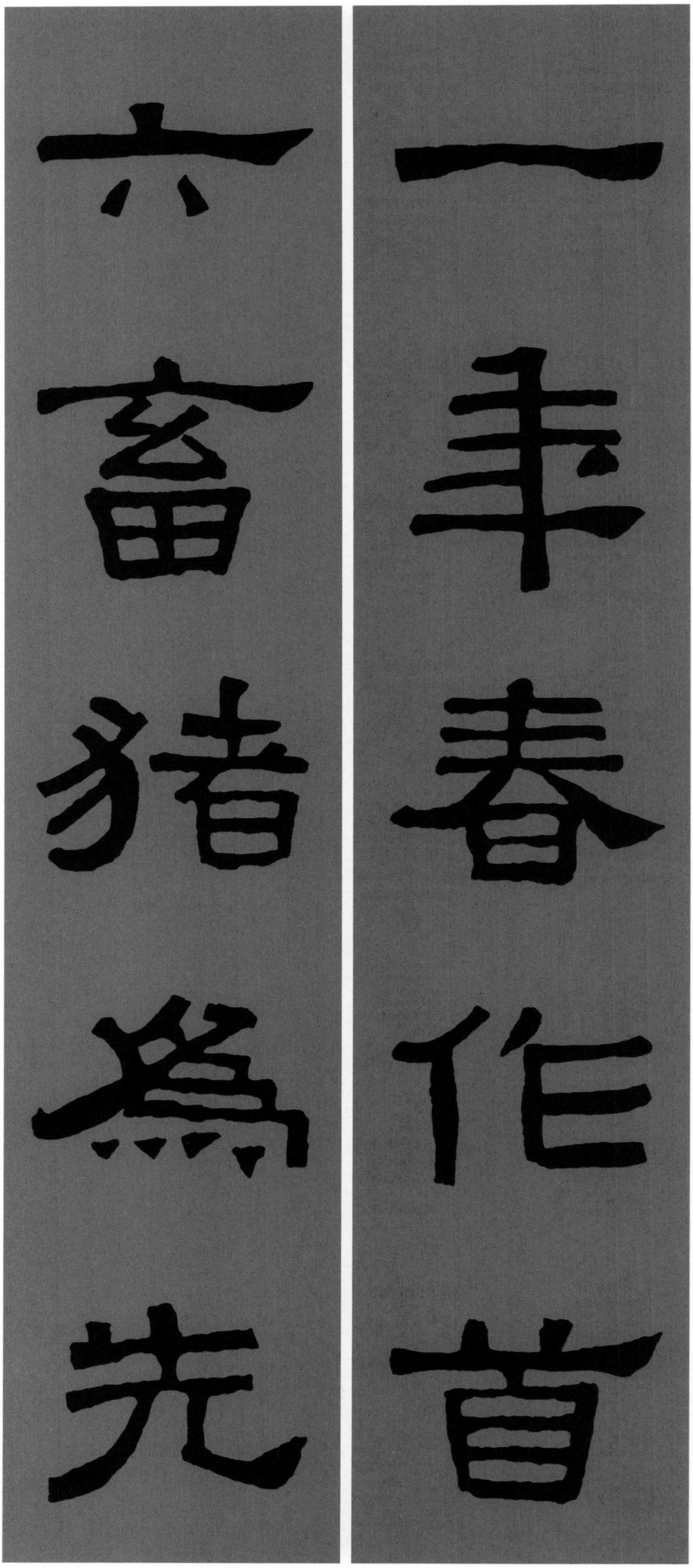

上联｜一年春作首
下联｜六畜猪为先

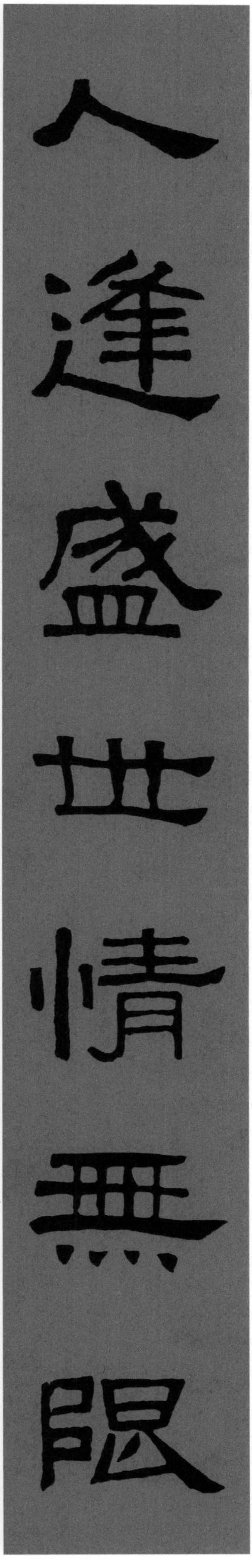

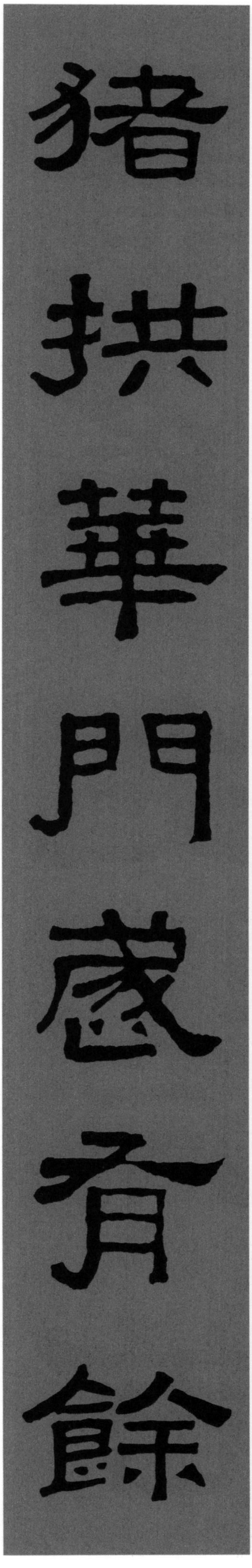

上联一人逢盛世情无限
下联一猪拱华门岁有余

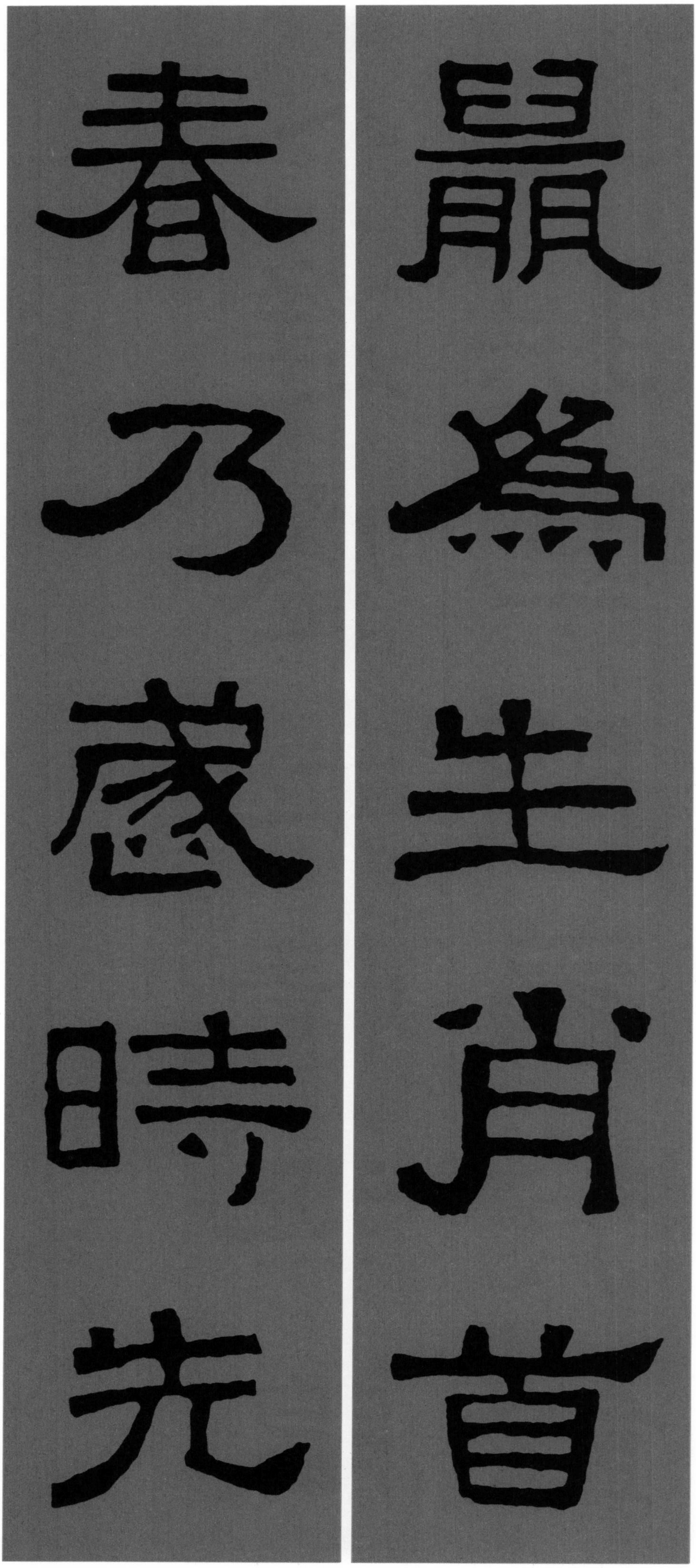

上联—鼠为生肖首
下联—春乃岁时先

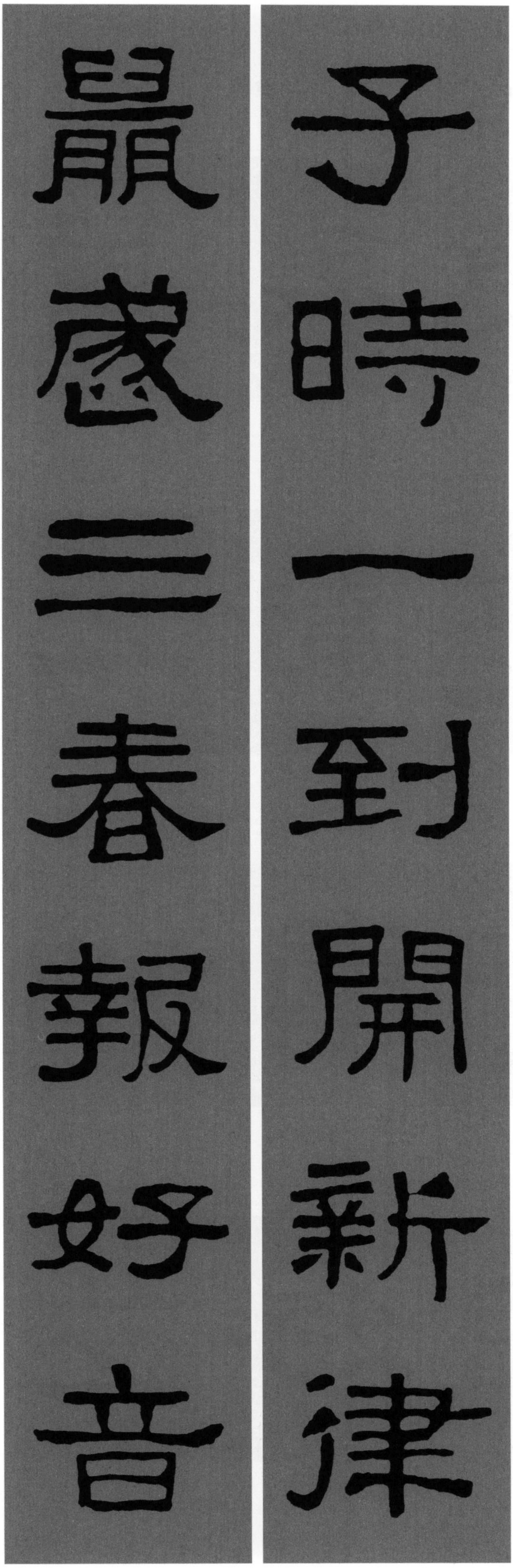
子時一到開新律
鼠歲三春報好音

上联—子时一到开新律
下联—鼠岁三春报好音

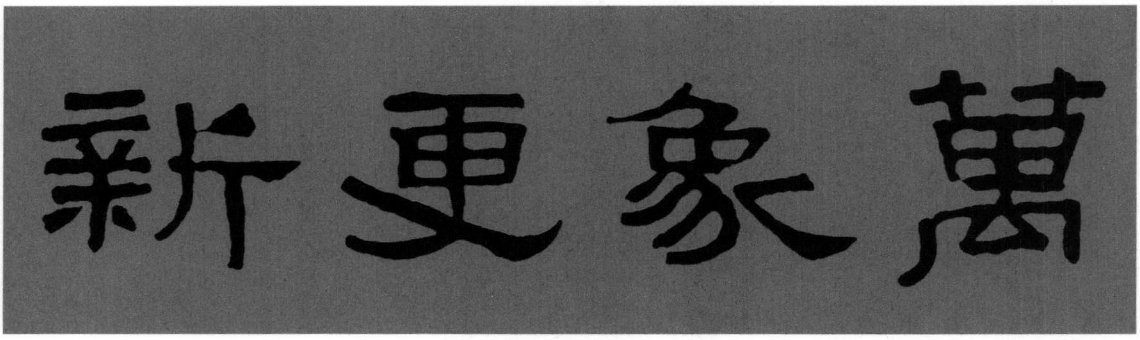

横披| 万象更新

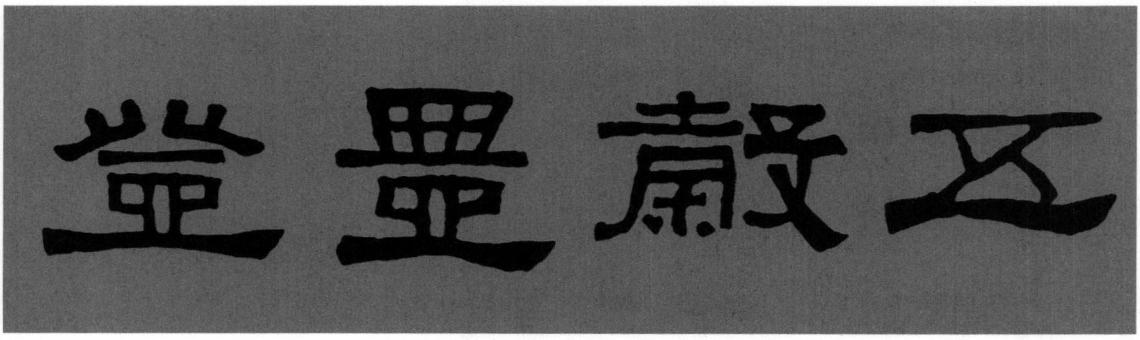

横披| 五谷丰登

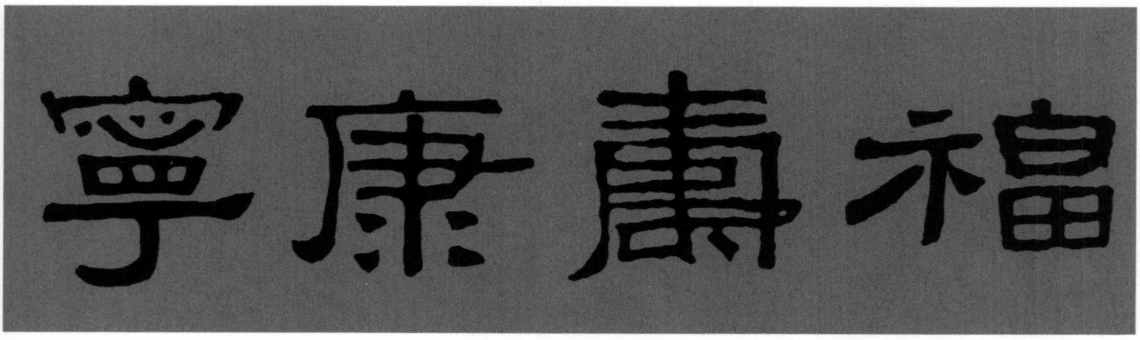

横披| 福寿康宁

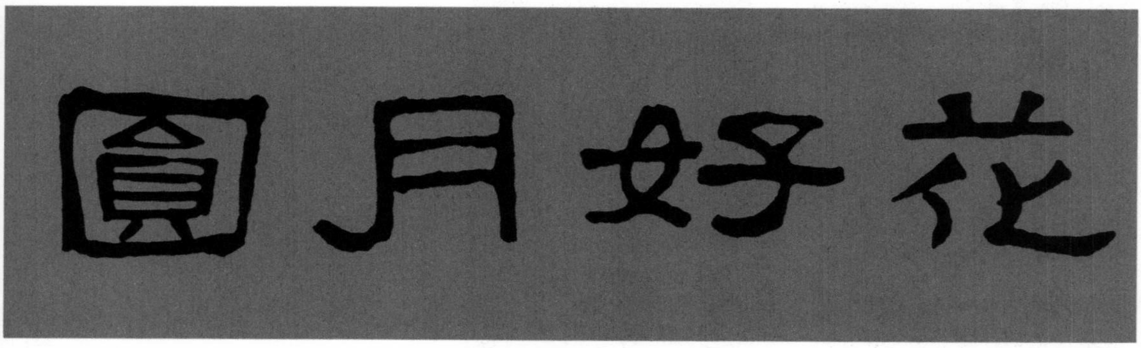

横披| 花好月圆

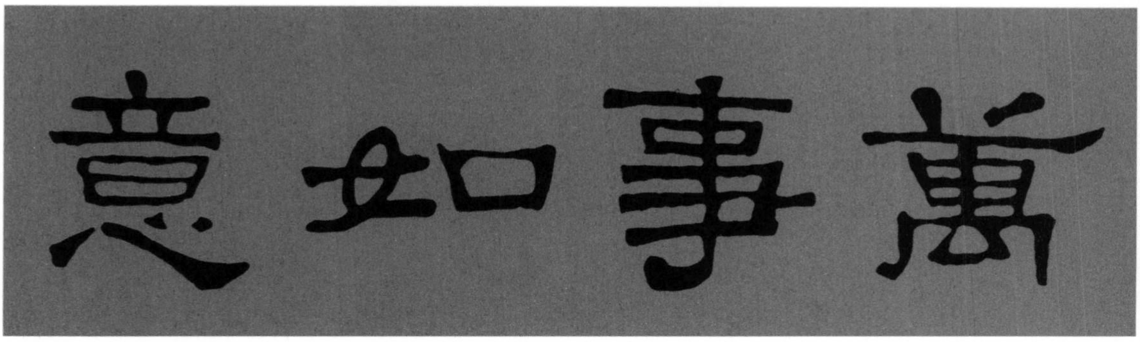

横披｜ 万事如意

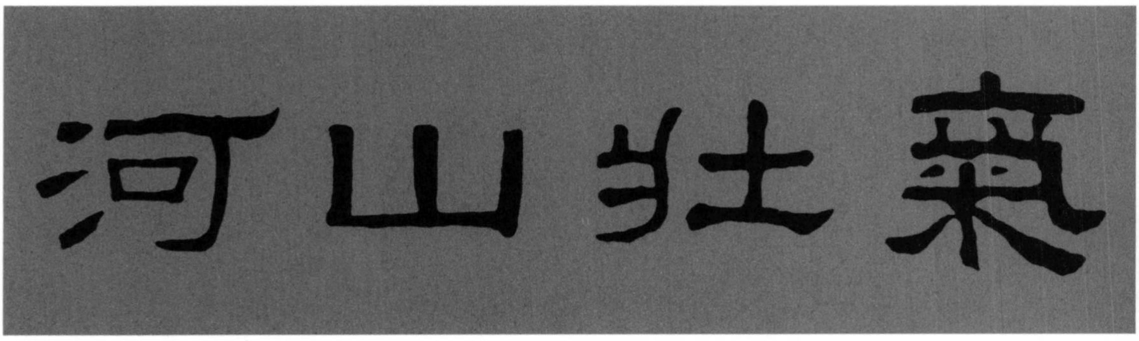

横披｜ 气壮山河

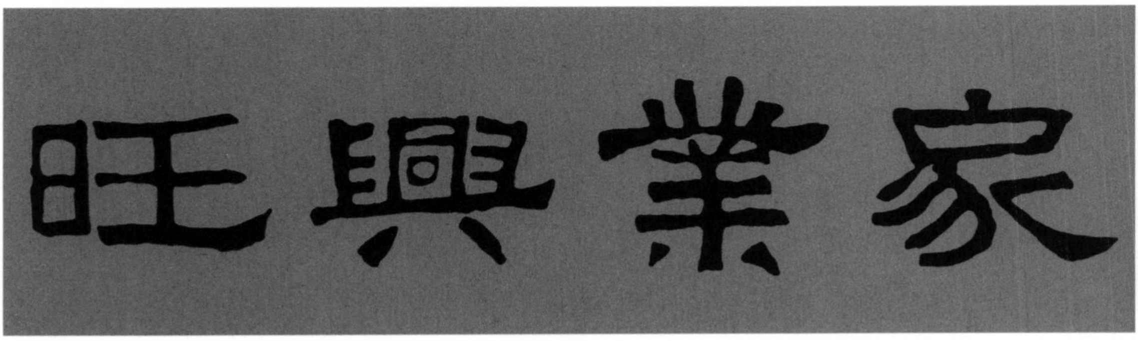

横披｜ 家业兴旺

小贴士

我国的第一副春联

五代后蜀主孟昶的“新年纳余庆，嘉节号长春”是我国的第一副春联。上联的大意是：新年享受着先代的遗泽。下联的大意是：佳节预示着春意常在。

图书在版编目(CIP)数据

张迁碑集字春联/程峰编.--上海:上海书画出版社,2019.1

(春联挥毫必备)

ISBN 978-7-5479-1914-9

Ⅰ.①张… Ⅱ.①程… Ⅲ.①隶书-碑帖-中国-汉代 Ⅳ.①J292.22

中国版本图书馆CIP数据核字(2018)第242219号

张迁碑集字春联

春联挥毫必备

程峰 编

责任编辑	张恒烟
审　　读	陈家红
责任校对	朱　慧
技术编辑	包赛明
出版发行	上海世纪出版集团 上海书画出版社
地址	上海市延安西路593号　200050
网址	www.ewen.co www.shshuhua.com
E-mail	shcpph@163.com
制版	上海文高文化发展有限公司
印刷	浙江海虹彩色印务有限公司
经销	各地新华书店
开本	787×1092　1/12
印张	7
版次	2019年1月第1版　2019年10月第3次印刷
印数	7,801-11,100
书号	**ISBN 978-7-5479-1914-9**
定价	**28.00元**

若有印刷、装订质量问题，请与承印厂联系